# 최초의 철학자들

소크라테스 이전의 자연철학

# 최초의 철학자들

소크라테스 이전의 자연철학

초판 1쇄 발행 2019년 9월 20일
개정판 2쇄 발행 2025년 2월 25일

지은이 | 이봉호
펴낸이 | 김태화
펴낸곳 | 파라아카데미 (파라북스)
기획편집 | 전지영
디자인 | 김현제

등록번호 | 제313-2004-000003호
등록일자 | 2004년 1월 7일
주소 | 서울특별시 마포구 와우산로29가길 83 (서교동)
전화 | 02) 322-5353 팩스 | 070) 4103-5353

ISBN 979-11-88509-53-9 (93100)

Copyright ⓒ 이봉호, 2019

* 값은 표지 뒷면에 있습니다.
* 파라아카데미는 파라북스의 학술 전문 브랜드입니다.

소크라테스 이전의 자연철학

# 최초의 철학자들

이봉호 지음

The First
Philosophers
of Ancient Greece

파라아카데미

 머리말

이 책은 소크라테스의 철학을 이해하는 데 필요한 배경지식을 담았다. 대학에서 교양 수업으로 ≪소크라테스의 변론≫과 ≪파이돈≫을 읽고 토론해 왔다. 이 두 책을 선택한 이유는 철학의 정신을 가장 잘 보여주는 인물이 소크라테스이고, 그의 철학 정신과 실천, 삶과 죽음을 가장 잘 보여주는 책이라고 판단했기 때문이다.

수업은 토론 방식으로 진행했다. 학생들이 매주 정해진 분량을 읽고 사이버 강의실에 질문과 토론거리를 올리면, 그것을 중심으로 수업을 진행했다. 이러한 수업 방식은 학생들에게 책의 내용을 이 잡듯이 읽게 했고, 수업 중에는 온갖 질문들과 토론이 활발하게 이루어지게 했다.

하지만 문제도 발생했다. 책에서 자연철학에 관한 내용이 나오면 토론을 멈추고 이를 설명해야 했으며, 소크라테스가 시인들을 비판하는 내용이 나오면 그가 왜 비판을 했는지 설명해야 했다. 소크라테스가 민주주의자들을 비판하는 내용에서는 당시의 아테네 정치상황도 설명해야 했다.

이러한 배경지식에 대한 설명은 학생들의 활발한 토론을 방해했다. 수업의 방식을 바꾸어야 했다. 그래서 선택한 수업 방식은 두 책을 읽기에 앞서 3~4주 동안 소크라테스 철학을 이해하는 데 배경지식이 되는 내용을 강의하는 것이었다. 그러다 보니 철학사에서 '소크라테스 이전의 철학Vor-Sociates'이라고 불리는 자연철학과 그리스 특히 아테네의 성립과 민주주의의 성립 과정에 대해 강의할 수밖에 없었다.

강의는 특별하게 원고를 작성해서 진행하지 않았다. 필자가 학부 때부터 지금까지 읽어온 철학사들, 철학원전들, 역사서들의 내용을 기억에 의존하여 강의했다. 지금까지 해왔던 철학 수업의 경험을 믿었기 때문이다. 그랬더니 강의가 다소 즉흥적이기도 하고, 이전 강의 내용을 학생들이 질문할 때 기억하지 못하기도 하여 곤란한 적이 많았다. 이러한 상황들을 안타까워 한 어느 학생이 수업시간에 강의 내용을 타이핑해서 방학 선물이라고 메일로 보내왔다. 그 양이 A4 용지로 50장이 넘었다.

  이 원고는 그 학생이 타이핑한 강의 내용에서 뺄 것은 빼고, 보탤 것은 보태어 정리한 것이다. 원고를 정리하는 동안 이 내용들이 독창적인 것이 아니기에 전거들을 밝혀야 한다는 학문적 양심의 소리가 마치 소크라테스의 다이몬daimonion의 소리처럼 들렸다. 하지만 원고의 내용이 어느 책의 것인지, 누구의 말인지를 기억하고 찾아보려 하였으나 부질없었다. 기억도 믿을 수 없었고 잦은 이사로 많은 책을 잃어버렸으며 그나마 가지고 있는 책들에서 이를 하나하나 찾아내는 일도 부지하세월이었다. 이 책의 말미에 그간 읽었던 책들의 저자와 서명을 기록해 붙여둠으로서 학문적 양심의 소리의 질책을 면하고자 한다.

　이렇게 정리한 원고를 파라북스에 보여주자, 이 내용이 이현복 교수의 ≪확신과 불신≫과 연결된다며 출판을 권유했다. ≪확신과 불신≫은 소크라테스의 변명을 심도 있게 분석하면서 강의 형식으로 풀어낸 것이고, 이 책은 소크라테스의 철학을 이해하기 위한 강의 내용을 정리한 것이어서 함께 읽으면 좋을 것이다.

　개정판을 내면서 몇몇 내용을 보강했다. 아고라 광장에 관한 내용과 시민들의 재판에 관한 내용, 아테네의 작가들과 철학자들의 말하기를 비교한 내용을 새롭게 작성해 넣었다. 이러한 내용을 보강하게 된 이유는 학생들의 질문이 있었기 때문이다. 아울러 오타와 비문들을 수정했다. 오타와 비문을 지적해준 학생들에게 고마움을 전한다.

 차례

머리말 …… 4

01. 그리스의 폴리스 형성과정 …… 13
  폴리스의 성립 …… 14
  아테네의 형성 …… 19
  스파르타의 형성 …… 23
  ■ 고대 그리스 지도 …… 30

02. 철학의 탄생과 그 조건들 …… 33
  신화mythos에서 이성logos으로 …… 34
  최초의 원인에 대한 탐구aition에서
  지혜에 대한 사랑philosophy으로 …… 42

## 03. 최초의 철학적 질문과 밀레토스 학파 …… 51

탈레스 …… 53
아낙시만드로스 …… 56
아낙시메네스 …… 61
밀레토스학파의 의의 …… 64

## 04. 우주의 구조에 대한 질문과 피타고라스학파 …… 67

피타고라스학파의 인생관 …… 68
피타고라스학파의 음악과 수학 …… 73
조약돌 놀이 …… 75
사각형의 배열 …… 80
수적 질서와 범형이론 …… 82
피타고라스학파의 수 …… 86
피타고라스학파의 유산 …… 89

## 05. 운동의 문제 …… 93

헤라클레이토스 …… 94
엘레아학파 …… 98
제논의 역설 …… 107

## 06. 원자론 ······ 115

엠페도클레스 ······ 118
데모크리토스 ······ 121
공간 부정논리를 극복한 원자론 ······ 124

## 07. 페르시아 전쟁과 아테네의 번영 ······ 131

페르시아 전쟁에서 승리 ······ 132
델로스 동맹의 결성과 아테네의 번영 ······ 138

## 08. 아테네의 정치상황 ······ 141

솔론의 등장 ······ 143
아테네 '금권정치'를 고안한 솔론 ······ 146
솔론의 개혁에 대한 평가 ······ 152
아테네 민주주의의 이념적 초석을 놓은 클레이스테네스 ······ 154
이소노미아에서 민주주의로 ······ 161
페리클레스의 연설 ······ 163
페리클레스의 황금기 ······ 171

## 09. 소피스트들과 작가와 시인들 …… 175
   소피스트 …… 176
   대표적인 소피스트들 …… 179
   작가와 시인 …… 185
   작가와 철학자 …… 202

## 10. 펠로폰네소스 전쟁과 아테네의 쇠퇴 …… 205
   펠로폰네소스 전쟁 발발 …… 206
   아테네의 패배와 스파르타의 승리 …… 213

## 11. ≪변론≫을 중심으로 본 소크라테스의 생애 …… 217
   소크라테스의 어린 시절 …… 218
   성년기의 소크라테스 …… 221
   펠로폰네소스 전쟁 참전과 장년기 …… 224
   소크라테스와 플라톤 …… 228

**연표** : 그리스 주변 역사 및 소크라테스와 그 이전의 철학사 …… 234
**참고문헌** …… 239

# 01

## 그리스의 폴리스 형성과정

## 폴리스의 성립

　기원전 8, 9세기에 그리스에는 도시국가인 폴리스polis가 여러 지역에 형성되기 시작한다. 기원전 478년 페르시아에 대항하기 위해 델로스 동맹을 맺고 연합 국가를 형성했다. 폴리스 연합 국가 그리스는 강력한 세력이 무력으로 통일하여 지배를 한 것이 아니라, 공동의 적인 페르시아에 대항하기 위해 서로간의 필요에 의해 결집해 형성되었다. 서로의 필요에 따른 폴리스간의 연합이기에 폴리스 집단 사이에는 조화와 균형을 이루었다. 폴리스간의 조화와 균형은 모든 폴리스들이 동등한 권리는 보장받는 형태로 연합체를 이루게 했다. 수많은 폴리스들이 있었지만, 대표적인 폴리스는 아테네, 테베, 코린토스 등이다.

  그리스는 남유럽 지중해의 동쪽에 위치한 발칸반도의 최남단에 위치한다. 그리스 내륙은 80% 이상이 산악지형으로 이루어져 있고, 2,000개가 넘는 산으로 이루어진 산맥이 동서남북으로 뻗어 있어, 산으로 구획된 듯한 지역으로 형성되었다. 산악지형의 특성상 계곡과 계곡을 이어줄 통로가 없어 비슷한 크기의 고립된 공동체가 여럿 구성되었다. 이러한 지형적 조건 때문에 자연스럽게 계곡에서 바다로 이어지는 해안지역을 따라 폴리스가 발달하였고, 기원전 8세기부터 이민집단들이 본토 이외 지역으로 이주하면서 1,000여 개의 섬들도 그리스를 구성하는 요소가 되었다.

  계곡 주변의 일부 땅을 제외하고 대부분 산악지역인 그리스 내륙은 척박한 땅과 이집트 쪽에서 불어오는 뜨겁고 건조한 바람으로 인해 일반 작물의 경작이 불가능했다. 특히 아테네의 인근 지역인 아티카는 전형적인 지중해 기후로 겨울에는 온화하지만 여름에는 무덥고 건조하였다. 이 때문에 다른 농작물은 경작할 수 없었고, 포도와 올리브가 주된 농산물이었다.

  이러한 지형과 기후 조건은 면적이 좁은 해안지역에 도시국가가 들어서게 했다. 그리스 대부분의 도시국가들은 광장을 중심으로 한 생활문화권을 형성했다. 아크로폴리스acropolis, 도시의 높은 언덕에 파르테논 신전을 세우고 폴리스 중심에 아고라agora, 광장를 배치한 아테네에서 보듯이, 언덕에는 폴리스의 주신을 위한 신전을 세우고 평지에는 광장을 두어 시장의 기능을 하면서 동시에 시민들이 대화와 토론을 하는 공간으로서 역할을 하게 했다. 집들과 마을들은 광장을 둘러싸고 배치되었다.

아테네의 아고라는 여러 도로가 교차하는 장소인 공터에 생겨났다. 이 공간에 성소聖所가 먼저 건립되고 신전, 예배소, 민회장, 평의회실, 재판소, 극장, 김나지움 등의 공공건물이 배치되었다. 공공건물들 주위에는 가죽 천막과 움막 형태의 상점들이 위치했다. 아고라는 종교적 장소이자 정치·경제적 장소였으며 공적인 장소였다. 아고라에는 개인이 집을 지을 수 없으며, 상점도 고정된 것이 아니라 이동식이었다.

아고라는 아테네에만 있는 광장이 아니었다. 그리스의 모든 폴리스는 광장을 두었다. 여기에는 성소, 공공건물, 극장, 김나지움 등의 공공건물을 배치하였다. 기원전 8세기경 새로운 식민지를 건설하기 위해 해상의 섬들이나 다른 대륙으로 이동한 그리스인들은 그곳에도 동일한 광장을 설치하였다. 이렇게 보면, 그리스의 모든 폴리스와 식민지에는 동일한 기능을 가진 광장이 있었다는 것을 알 수 있다.

이러한 공간 배치는 자연히 광장을 중심으로 하는 생활문화를 형성하게 했다. 레비스트로스Claude Lévi-Strauss, 1908~2009가 ≪슬픈 열대≫에서 밝히고 있듯이, 광장을 중심으로 한 공간 배치는 구성원 사이의 소통이 극대화되는 구조이다. 광장 중심에 공공건물과 시장을 두고 주거지가 그 주위를 둘러싸도록 배치한 것은 광장을 중심으로 정보와 생필품을 원활하게 교류하게 하고, 구성원들 간의 대화와 토론이 극대화되도록 하려는 의도였다. 광장은 일상적인 생활에서 정보를 쉽게 얻고 소통하며, 정보의 유통에서 소외되는 사람들을 최소화할 수 있는 구조이다. 광장을 중심으로 한 공동체의 공간 배치는 아테네에서 자유로운 토론과 정치적인 의견 개진이 가능한 문화를 만들었고, 이것이 아테네 민주주의가 탄생할 수 있는 물리적 조건이 되었다.

그리스는 지중해 건너편에 위치한 이집트나 메소포타미아 지역에 비해 정치적으로나 문화적으로 낙후된 지역이었다. 이집트나 메소포타미아 지역은 큰 강과 넓은 평야가 있어 일찍이 고대국가를 형성하였지만, 그리스는 기원전 8, 9세기경이 되어서야 폴리스들이 형성이 되기 시작했다.

폴리스는 혈연 공동체인 부족의 형태로 시작했다. 부족 공동체의 생활 중심지인 광장을 중심으로 한 일정 지역은 외세의 공격을 막고 일정 기간을 버틸 수 있게 성벽을 쌓아 요새 역할을 하게 했다. 공동의 안정을 유지하기 위한 집단으로 출발한 폴리스는 점차 사회적, 문화적, 정치적 공동체로 발전해 갔다. 또 높은 언덕에 신전을 세워 구성원이 동일한 신을 숭배하며 단합과 사회적 질서를 유지했다.

초기 그리스 폴리스의 인구는 시민을 기준으로 대체로 1,000명에서 5,000명 내외였다. 스승인 소크라테스의 죽음을 목격하고 이상적인 국가를 만들고자 한 플라톤이 생각한 국가는 시민이 5,000명 정도인 폴리스였다. 플라톤의 제자 아리스토텔레스 또한 이상적인 폴리스는 시민 모두가 서로의 얼굴을 알아볼 만한 범위로 한정했다. 플라톤이나 아리스토텔레스가 말하는 시민은 18세 이상의 성인으로서 폴리스가 규정하는 시민 자격을 갖춘 남자를 의미한다. 시민은 전쟁이 일어날 때 참전의 의무가 있고, 세금 납부의 의무가 있다. 또한 정치적, 사법적, 종교적 특권을 누릴 수 있었다. 히지만 여성은 정치에 참여할 수 없었다. 또한 폴리스에서 체류하던 외국인과 노예들도 정치적, 사법적, 종교적 특권을 누릴 수 없었다. 그러므로 시민이 5,000명인 폴리스의 인구는 시민의 가족과 노예, 체류 외국인을 합치면 적게는 2만 명에서 많게는 5만 명 정도였다. 펠로폰네소스 전쟁기원전 431~404이 일어날 당시 대부분의 폴리스들은 구성원이 2만 명이 넘지 않았다. 유독 아테네와 스파르타만 각각 25만 명과 30만 명의 인구를 가진 강력한 폴리스였다.

 그리스인들은 이집트나 페르시아 제국과 같은 거대한 국가를 형성하지 않았다. 거기에는 지리적, 경제적인, 정치적인 이유가 있었다. 그리스는 지리적으로는 산악지역과 무수히 많은 섬들로 이루어져 큰 규모의 국가보다 소규모 공동체 단위의 도시국가를 형성하는 데 더 적절했다. 경제적으로는 대부분의 시민이 농사일에 종사했기에 자급자족이 가능하려면 5,000명이 넘어가면 어려움이 있었다. 또 척박한 땅으로 인해 농사만으로는 자급자족하기 어려웠다. 그래서 어업을 병행할 수 있는 해안 지역에 폴리스가 넓게 분포했다. 해안은 외부 사회와 교역하는 데에도 유리했다.

이러한 지리적 경제적 여건 속에서 그리스인들은 동쪽에 있는 페르시아 제국과 같은 거대한 국가들처럼 전제 군주의 통치를 받는 것보다는 비록 소규모 부족의 형태이지만 민주적인 방식의 삶을 더 선호했다. 자유롭고 개인주의적이며 강한 참여 의식을 가진 그리스인들은 정치적인 측면에서 대제국의 강력한 독재정치Autocracy를 거부했다. 하지만 외부 사회와 교역이 확대되면서 경제가 발전하고 인구가 증가함에 따라 폴리스의 규모도 점점 확대된다.

## 아테네의 형성

아테네는 아티카 반도의 중심에 터를 잡있다. 전설에 따르면, 기원전 13세기경 12개의 소국을 영웅 테세우스가 하나의 폴리스인 아테네로 통일했다고 한다. 하지만 기원전 900년경 아티카의 작은 폴리스 수십 개가 정치적으로 통합을 이룬 것을 아테네의 시작으로 보는 견해가 유력하다. 정치적 통합을 이루었지만 귀족들 사이에서 정권 찬탈 시도가 300년간 계속되다가, 기원전 621년 드라콘Drakōn에 의해 성문법이 제정되면서 차차 안정되어 갔다.

아테네를 부흥시킨 최초의 인물은 그리스 7현인 중에 한 사람인 솔론Solon, 기원전 640경~561경이었다. 당시 귀족과 농민의 지도자들은 합의하에 불안정한 사회를 수습해 달라며 최고 지도자인 아르콘archon, 집정관으로 솔론을 추대했다. 당시는 농업과 무역이 활발해져 부유한 지주와 상인이 등장하기 시작했다. 하지만 인구의 대부분을 차지한 소농들은 흉년이 들면 파산해 귀족의 노예가 되거나 해외로 팔려가는 등의 매우 취약한 상황에 놓여 있었다. 솔론은 정국을 안정시키는 방법을 소농들의 불안을 해결하는 것에서 찾았다. 먼저 소농들이 진 과도한 부채를 경감하고, 귀족과 지주들의 토지 소유를 제한했으며, 채무로 잃은 토지를 되찾아주고 해외로 팔려간 아티카 인들이 귀국하도록 도왔다. 또한 모든 성인 남자에게 투표권을 주었다.

솔론 이후 다시 불안해진 아테네를 강력하게 지배한 인물은 페이시스트라토스Peisistratos, 기원전 600경~527경이다. 페이시스트라토스는 참주 자리를 차지하기 위한 귀족들의 싸움이 극에 다다르자 군사 정변을 일으켜 정적을 제거했다. 그는 금광을 발견하고 개발하여 벌어들인 엄청난 돈으로 사병을 키워 무력으로 아테네를 지배하고 참주tyranny에 오른다. 그리고 귀족들의 아들들을 자신이 지배하는 섬에 인질로 잡아두었다. 정치가 안정을 되찾자 페이시스트라토스는 솔론이 취했던 정책을 엄격하게 집행했고, 특히 가난한 농민을 위한 정치를 펼쳤다. 가난한 농민을 위해 다양한 정책을 수립하고 몰수한 토지를 분배했다. 또한 아크로폴리스의 입구를 정비하고 디오니소스 신전, 법정과 민회의 건물 등을 중건하거나 건설하고 관계수로를 정비하는 등 대규모 건설 사업을 벌여 많은 사람들에게 일자리를 제공하였다.

페이시스트라토스의 업적 중에 으뜸으로 꼽히는 것은 디오니소스 제전을 크게 확대한 것이다. 이때에 이르러서야 비로소 디오니소스 제전이 예술 제전으로서의 지위를 갖게 된다. 기원전 534년 최초의 비극 경연대회가 열렸고, 호메로스 서사시 낭송회 등이 개최되었다. 페이시스트라토스는 비극 경연대회와 서사시 낭송회 등을 개최하고 시상하면서 장려했다. 이를 통해 소수 귀족들의 전유물이었던 시와 연극을 시민 전체가 누리는 예술로 개방한 것이다.

페이시스트라토스는 20년 동안 참주로서 군림하면서 아테네 시민의 자유는 억눌렀지만, 정치·경제적으로는 안정과 평화의 시대를 열었다. 이 시기를 '크로노스의 시대'라고 한다. 페이시스트라토스 사후에 그의 아들 히피아스Hippias, 기원전 560~490가 참주를 계승하여 14년간 아테네를 다스렸으나 반란이 일어나 아테네에서 추방을 당한다. 이후 히피아스는 페르시아 전쟁 때에 페르시아 군의 선봉장이 되어 아테네로 쳐들어온다.

히피아스가 추방된 후 아테네에서는 클레이스테네스Cleisthenes, 기원전 570경~508경가 집정관이 되어 민주정 형태의 기초를 완성한다. 클레이스테네스는 아르콘archon, 집정관을 선출할 때 강한 영향력을 발휘하는 4개의 부족의 힘을 약화시키는 방법을 고안했다. 강한 부족의 전통을 깨야만 권력의 분산이 이루어진다고 생각한 것이다. 그는 아티카 전 지역에 10개의 데모스<sub>demos, 행정자치구</sub>를 만들고 그 중심부에 아테네를 두었다. 또한 솔론 때 구성된 400인 협의회<sub>400인회</sub>를 500인 협의회<sub>500인회</sub>로 확대하고 각 데모스에 50명씩 할당했다. 또 신생아가 태어나면 데모스에 시민으로 등록하게 해 소속감을 갖게 하는 한편, 각종 경연대회나 행사를 각각의 데모스 중심으로 수행하도록 했다. 이러한 정책은 귀족 가문 중심으로 유지되어 온 부족제를 해체하고 새로운 행정 단위로 전환하면서, 귀족 중심의 사회구조를 민중 중심의 사회구조로 전환하고자 한 것이었다. 이로 인해 아테네는 데모크라시<sub>민중demos · 지배cracy</sub>의 형태가 갖추어졌다. 아테네 문화가 지금까지도 보편성을 띠는 까닭은 귀족의 전유물로서의 문화가 아니라 폴리스의 시민 전체가 참여하여 이루어낸 문화이기 때문일 것이다<sub>(자세한 내용은 9장 참조)</sub>.

## 스파르타의 형성

스파르타는 기원전 12, 13세기경 도리아인이 펠로폰네소스 반도로 이주하면서 형성된 폴리스다. 기원전 9세기경 통일국가를 형성하고, 기원전 900년에서 기원전 600년 사이에 펠로폰네소스 반도의 주도권을 잡았다. 스파르타는 특이하게도 두 명의 왕이 통치했다. 하지만 스파르타 사회의 성격을 규정하는 가장 큰 특징은 신분제도에 있다.

스파르타의 신분은 3계급으로 구성되었다. 최상위 계급은 스파르티아타이Spartiatai이고, 중간 계급은 '이웃들'이라는 의미의 페리오이코이Perioikoi로, 스파르타 변두리 지역에 거주하는 집단이다. 그리고 하층 계급인 헤일로타이Heilotai는 노예계급이다. 스파르타는 기원전 8세기 중엽 펠로폰네소스 반도 서쪽에 위치한 메세니아와 20년간 벌인 싸움에서 승리하면서 그곳 사람들을 노예로 삼았다. 이 때문에 노예는 개인의 소유가 아니라 국가의 소유물로 스파르티아타이 계급 사람들에게 할당되었다. 노예의 수는 스파르타인의 10배 정도로 많았는데, 이처럼 많은 수의 노예는 농토를 경작하는 노동력이 되어 식량자급을 가능하게 하였지만, 다른 한편으로는 늘 사회불안의 잠재 요인이 되었다.

최상위 계급인 스파르티아타이는 예외 없이 모두 군인이 되어야 했다. 이들이 농업이나 상업 혹은 기술자가 되는 것은 법으로 금지되었다. 전쟁에 참여할 경우 스파르티아타이에게는 항복을 모르는 전사로 죽음을 맞이하는 것이 최고의 미덕이었다. 중간 계급인 페리오이코이는 스파르티아타이에 의해 통제를 받기는 했지만 자유민 신분이었다. 평소에는 스파르티아타이에 의해 외부 적으로부터의 안전을 보장받는 한편 전쟁이 발발하면 군대에 징집되고 전쟁자금이나 식량을 공급을 담당하는 계층이었다. 하지만 이들에게는 참정권이 없었다.

　노예계급인 헤일로타이는 스파르티아타이가 소유한 농지를 경작해 소출의 절반을 바쳤으며, 전쟁이 나면 가벼운 무장을 한 보병으로 종군할 의무를 졌다. 이처럼 일정한 역할을 담당하고도 헤일로타이는 일반 시민과는 철저하게 차별적인 대우를 받았다. 그들은 일반 시민과 구분되는 가죽옷을 입어 노예임을 표시해야 했고, 일반 시민이 부르는 노래나 춤조차 누릴 수 없었다. 또한 죽을 때까지 노예 신분에서 벗어나지 못하는 종신 노예였다.

　스파르타는 노예를 가혹하게 다룬 것으로 유명하다. 군인의 훈련을 위해 힘이 센 헤일로타이를 학살하는 것도 서슴지 않았다. 부당한 처우에 반발하여 헤일로타이는 몇 차례 반란을 기도했으나 실패를 했고, 그때마다 가혹한 학대와 처벌을 당했다. 스파르타가 기원전 6세기에 주변국과 펠로폰네소스 동맹을 맺은 이유도 노예와 관련이 있다. 주변 동맹국은 외침을 막기 위해 스파르타와 동맹을 맺었지만, 스파르타에게 동맹은 노예의 반란에 대비한 것이었다. 스파르타에서 노예가 반란을 일으키면 다른 폴리스들이 군대를 보내주는 조건이었다.

스파르타가 독특한 사회 구조를 구축한 배후에는 '리쿠르고스Lykurgos의 법'이 있었다. 귀족 간의 갈등으로 정국이 혼란스러울 때 리쿠르고스는 아테네의 솔론과 유사하게 현자로 추앙되어 권력을 이임받았다. 권력을 잡은 리쿠르고스는 왕과 원로원의 권한을 동등하게 하여 서로간의 견제로 전제를 막고자 했다. 또한 독재를 견제하기 위하여 왕을 두 명을 두었는데, 에우리폰 가문과 아기스 가문에서 각각 1명씩 선출되었다. 더불어 임기가 1년인 5명의 감독관 에포로스ephoros를 두어 왕의 권력을 최대한 견제했다. 또 스파르타에도 아테네의 원로회아레오파고스와 같은 30명으로 구성된 게루시아gerusia가 있었고, 아테네의 민회에 해당하는 아펠라apella라는 조직도 있었다. 아펠라는 30세 이상의 스파르타 시민만이 참석할 수 있었고, 새로운 안건에 대해 토의를 하지는 않고 결정할 사항이 있으면 투표가 아니라 참석한 사람들의 함성 크기로 결정했다.

리쿠르고스가 권력을 잡을 당시 빈부의 격차 엄청나서, 그는 모든 토지를 추첨을 통해 균등하게 분배하였다. 구획한 토지를 스파르티아타이는 9,000개, 페리오이코이는 30,000개로 나누어 균등 분할하고, 토지 매매를 전면 금지하여 토지가 집중되는 것을 막았다. 화폐 개혁도 단행했는데, 작고 가벼운 금·은 화폐를 금지하고 크고 무거

**스파르타의 리쿠르고스** – 메리 조제프 블롱델, 1828

운 철로 만든 화폐를 유통하게 했다. 크고 무거운 철전 화폐는 보관하거나 교환하기도 어려운데 이를 필수품을 구입하는 데 사용하게 한 것은 부의 집중을 막기 위한 것이다. 스파르타는 아테네와 외국에서 주로 사용하는 금화를 사용하지 않음으로 경제구조도 외부와 단절된 채 자급자족 형태를 유지했다. 또한 외국인 출입을 극단적으로 제한해서 사소한 잘못이나 아무런 이유 없이도 외국인들은 추방을 당하였다.

스파르타는 사람들이 검소한 생활을 한 것으로도 유명하다. 옷 한 벌로 일 년 내내 입었고, 거친 검은 죽으로 한 끼 식사를 했다. 또 공동 식사제도를 시행하여 부유하든 가난하든 같이 밥을 먹었다. 식사 시간은 어른들이 아이들을 교육하거나 예절을 가르치는 시간으로도 활용되었다. 교육제도 역시 아주 독특했는데, 아고게$_{agoge}$라는 훈련제도가 거의 유일한 공적인 교육제도였다. 이에 따르면 스파르타 인들은 태어날 때 건강하며 6세까지 어머니의 품에서 자랄 수 있었고, 허약하다고 판단되면 죽도록 내버려두었다. 7세 이후 남자아이들은 14년간은 집단생활을 하면서 교육과 훈련을 받았고, 20세부터 결혼하기 전인 30세까지는 군사훈련을 받으며 병영생활을 했다. 여자아이들도 소년과 마찬가지로 육체훈련을 받았다. 시와 음악과 춤이 장려되었는데, 그 내용과 형식은 전투에서 용기를 주는 군가가 대부분이었다. 스파르타에서는 군사 훈련을 제외한 공적인 교육은 거의 없었다. 그저 강인한 용기와 윗사람에 대한 복종, 겸손이 중요한 덕목이었고, 스파르타 인들은 개인의 이기심을 버리고 사회가 추구하는 공동의 선을 추구하도록 함양되었다.

이처럼 검소하고 건강한 공동체 문화는 리쿠르고스 사후 500년간 스파르타를 강한 국가로 유지되게 했다. 그런데 재미있는 사실은 리쿠르고스가 만든 법은 성문화되지 않았다는 것이다. 리쿠르고스는 지중해를 중심으로 여러 지역을 여행하면서 성문화된 법률에 대한 해석의 차이로 인한 혼란과 법률 전문가들에 의한 오용을 보았고, 성문법이 있다고 하여도 범죄가 줄어들지 않는 것을 보았다. 이 때문에 법률을 성문화하는 대신 교육을 통해 젊은이들 가슴속에 깊이 새기는 데에 집중했다. 리쿠르고스의 법은 스파르타인 모두가 숙지하고 있었다. 축제 때마다, 행사 때마다 매번 노래로 불렸기 때문이다.

스파르타는 개인의 자유를 억압하고 단체생활을 강요하는 불합리한 정치와 경제 제도를 가졌지만, 공동체의 안정과 시민의 평등이라는 이상에 대해서는 공감하는 사상가들도 많았다. 플라톤이 ≪국가≫에서 수호자 계급의 재산사유를 금지하고 일정한 공동체 생활을 추구해야 한다고 주장한 것은 스파르타와 무관하지 않다. 그리고 거의 2000년 이후이지만 토머스 모어Thomas More, 1478~1535도 ≪유토피아≫에서 사유재산을 금지하고 매우 검소한 공동생활이 국민들에게 행복을 줄 수 있다고 주장한 것도 스파르타와 관련이 있다.

그리스는 아테네와 스파르타를 중심으로 수많은 폴리스들이 독특한 문화를 만들어냈다. 하지만 최초의 철학자들은 그리스 본토 사람들이 아니었다. 그들은 그리스의 식민지 도시 출신이었다. 어째서 이런 일이 벌어졌을까? 왜 이들에게서 철학이 시작되었을까?

# 고대 그리스 지도

마케도니아
암피폴리스
포티다이아
올림포스산
테살리아
델포이
테베
델리온
마라톤
아티케
코린토스
아테네
살라미스
아르골리스
올림피아
아르고스
펠로폰네소스
이오니아해
스파르타
멜로스

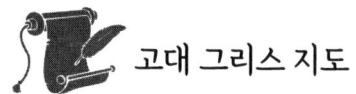

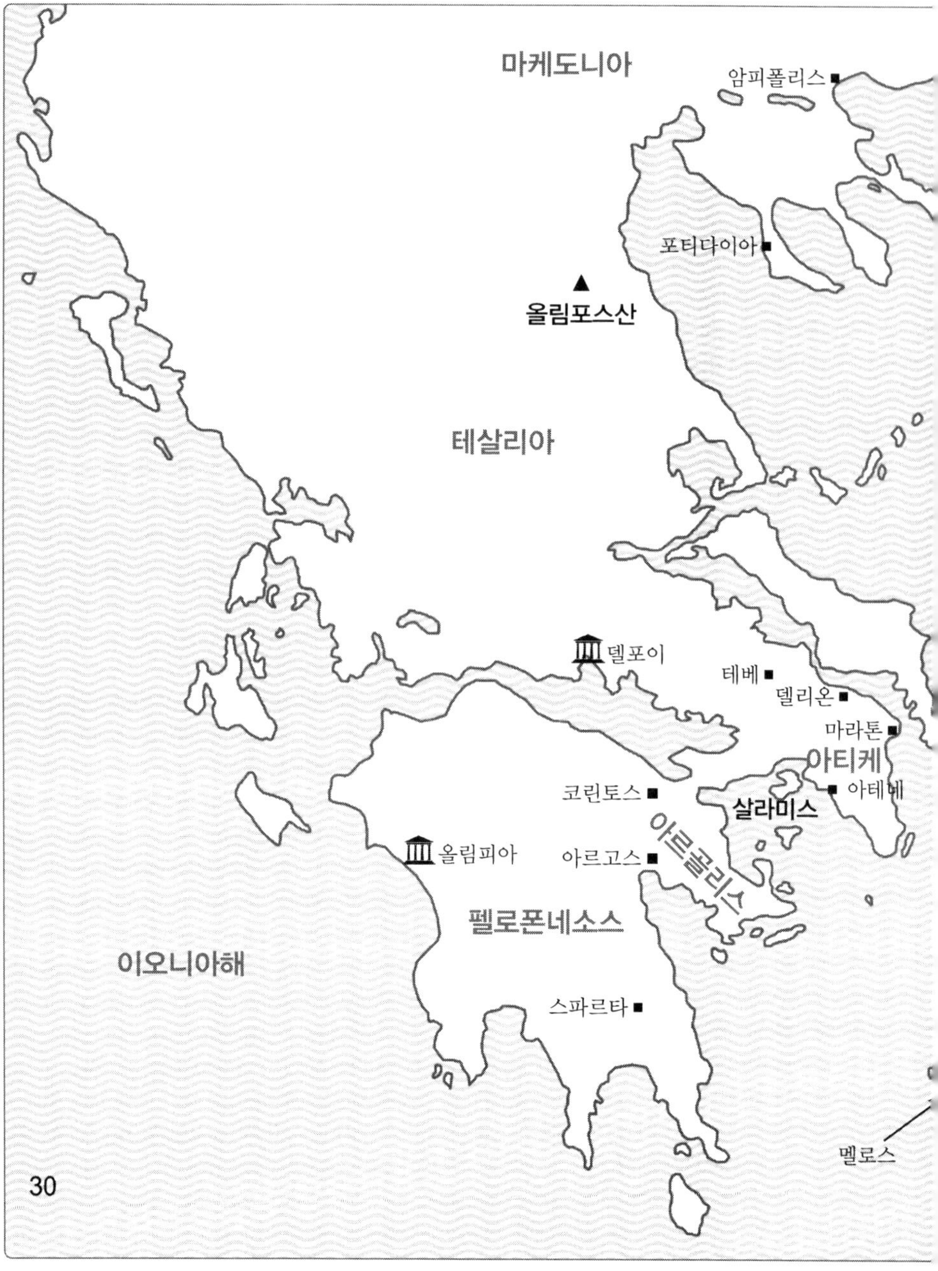

# 02

## 철학의 탄생과 그 조건들

# 신화mythos에서 이성logos으로

최초의 철학은 그리스 본토가 아닌 해상의 섬들에서 탄생한다. 지금부터 그 배경을 살펴보자.

"철학이 처음 밀레토스의 탈레스로부터 시작되었다. 철학은 여가가 있는 삶을 누릴 수 있어야 가능하다."

– 아리스토텔레스, 《형이상학》

아리스토텔레스의 이 말은 철학의 기원에 대한 몇 가지 정보를 제공해 준다. 철학이 그리스 본토가 아니라 식민지 도시에서 시작되었다는 것과 이들 지역이 경제적으로 풍요로워 여가를 누릴 수 있는 곳이라는 점이다. 결국 경제적으로 풍요로운 식민지에서 철학이 시작되었다는 의미이다. 아리스토텔레스의 말에 따르면, 밀레토스는 이러한 조건을 갖춘 도시였다.

  밀레토스는 지금의 터키 연안에 있던 이오니아Ionia 지역의 도시로, 이곳을 중심으로 일군의 학자들이 철학적 활동을 했다. 이들을 밀레토스학파라고 한다. 이들 외에도 다양한 학파들이 있었는데, 피타고라스학파는 터키 가까이 위치한 사모스 섬에서 철학적 활동을 했고, 헤라클레이토스Heracleitos는 밀레토스에서 멀지 않은 에페소스에서 활동했다. 엘레아학파는 이탈리아 남부 엘레아 지역에서, 원자

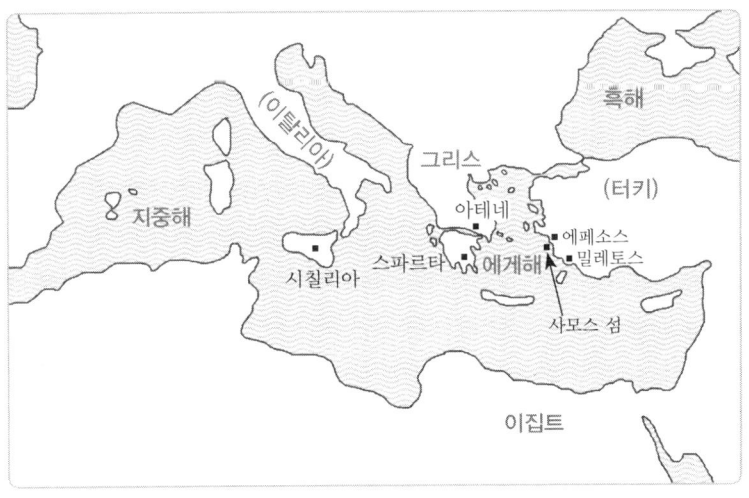

02. 철학의 탄생과 그 조건들

론자들은 현재 이탈리아 시칠리아 섬을 중심으로 활동했다.

이렇게 보면 최초의 자연철학자들은 모두 그리스 본토가 아닌 식민도시 출신임을 알 수 있다. 그리스 본토가 아닌 에게해를 중심으로 한 식민도시들에서 최초의 철학이 탄생한 배경이 무엇일까? 이에 대한 철학자들의 의견은 대략 세 가지 점에서 합의를 이루고 있다.

첫째는 아리스토텔레스 말대로 여가 있는 삶의 조건이 갖추어졌다는 것이다. 식민도시들은 에게해를 중심으로 동방의 대륙과 섬들 그리고 그리스를 연결하는 해상 중계무역을 하였고, 이를 통해 상당한 부를 축적했다. 이집트와 메소포타미아의 대륙과 발칸반도를 잇는 중계무역이나 1,000여 개의 섬들을 잇는 중계무역은 척박한 그리스 본토에서의 경제활동과는 전혀 다른 부를 안겨주었다. 이러한 경제적 여유는 사색할 수 있는 삶의 조건을 만들었고, 여가 있는 삶의 조건에서 철학적 사유가 탄생한 것이다.

둘째는 해상 중계무역의 과정에서 다양한 인종의 문화와 사상, 종교를 경험하고 이를 전파하는 역할을 하면서, 문화와 사상에서 다양한 경험과 지식을 흡수할 수 있었다는 점이다. 이방인을 의미하는 단어 barbarian이 식민도시에 함께 어울려 살던 이민족들의 말소리가 그리스인들에게 "barbar barbar"라고 들려서 생긴 말이라는 점에서도 알 수 있듯, 당시 그리스인들은 다양한 이방인들과 그들의 문화를 접하고 경험했다. 이런 경험을 바탕으로 그리스인들은 이 세계를 합리적으로 설명하려는 시도를 하였다.

셋째는 이들 식민도시에서는 그리스 본토의 정치적, 종교적 지배에서 비교적 자유로웠다는 점이다. 그리스 본토 특히 아테네에서 일어난 귀족과 민중 간의 반목에서도 자유로웠고, 귀족정에서 금권정치로, 다시 민중 지배로 이어지는 정치적 변동의 영향도 덜 받았다. 또한 그리스 본토에서 행해진 종교적 실천들에서도 자유로웠다.

이 같은 조건에서 그리스 본토가 아닌 식민지 섬들에서 최초의 철학이 탄생하고 시작된다. 이러한 철학의 시작을 철학사에서는 '신화mythos에서 이성logos으로의 전환'이라고 한다. 이 전환을 최초로 이루어낸 철학자 집단은 밀레토스학파였다. 밀레토스는 이오니아의 여러 소도시들을 거느린 모도시로서 역할하면서 발달된 상공업과 항해술을 바탕으로 해상 중계무역을 하였고, 이를 통해 상당한 부를 축적했다. 이러한 상황은 앞에서 언급한 에게해를 중심으로 한 식민도시에서 철학이 탄생할 조건들에 부합한다.

그렇다면 이들을 최초의 철학자로 일컫는 이유가 무엇일까? 이 질문은 철학의 성격과 관련된 질문이기도 하다. 철학은 그 정신이 캐묻고exetasis, 의심하고doubt, 비판하고critic, 스스로 근거를 찾는selbst denken 것이라고 할 때, 이 최초의 철학자들은 이러한 철학의 정신을 실천했다. 최초의 철학자들은 '신화mythos'에 대해 의심하고 질문을 했다고 볼 수 있다. 이러한 의심과 질문은 인간의 '이성logos'에 의한 설명의 체계를 형성하게 했다. '신화mythos에서 이성logos으로의 전환'은 이 과정을 설명하는 말이고, 이것이 바로 철학의 탄생을 의미한다.

　신화는 태초에 우주와 자연에 대한 인식과 이해를 담은 신성한 이야기를 의미한다. 신화는 다양한 신들의 힘이나 섭리에 의해 인간이 이해할 수 없었던 자연현상들을 설명한다. 인간의 지혜가 발달하지 못한 상황에서 인간이 인식하고 통제할 수 없는 자연현상을 신들의 힘으로 설명한 신화는 현대인에게는 다소 부정적으로 인식되고 있다. 이처럼 부정적 인식은 신화에 대한 본격적인 연구가 시작된 20세기를 지배한 진화론적 관점과 무관하지 않다. 진화론적 관점에서 바라본 신화는 허구이거나 모호한 성격이라고 규정된다. 이러한 관점을 견지하고 철학의 탄생을 '신화에서 이성으로의 전환'이라고 한다면, 이는 허구적이며 모호한 성격을 갖는 신화에 비해 철학은 과학적이며 합리적인 사유라는 점을 부각하려는 의도가 있는 것이다. 하지만 신화가 없었다면 인간의 삶을 설명할 수도 없었으며, 합리적이거나 논리적인 사유도 불가능하다. 예를 들어 한국인으로서 단군 신화를 전제하지 않으면 한국인의 현재적 정체성과 문화를 설명할 수 없는 것처럼, 신화를 전제하지 않으면 현재 우리의 삶도 온전히 설명할 수 없다.

　인류학Anthropology과 민족학Ethnology에서 해명된 것처럼 신화는 중요한 사회적 기능을 갖는다. 이성적이고 합리적인 사유는 신화를 전제할 때만이 가능하다. 아리스토텔레스는 ≪형이상학≫에서 "달의 현상이나 태양이나 천체 현상들, 결국 우주의 기원과 같은 더 중요한 문제들을 풀어보면서 어려움을 인식하고 놀라는 것은 자신의 무지를 인식하는 것이다. 그러므로 신화를 사랑하는 것은 결국 자신이 철학자임을 보여준다. 신화라는 것은 경이로움으로 이루어져 있기 때문이다."라고 말한다. 아리스토텔레스는 신화와 철학이 '경이로움'에 기초한 탐구라고 보았다.

레비스트로스는 신화가 인간 정신의 보편적인 논리임을 보여준다. 그에 따르면, 신화적 사유와 합리적 사유 사이에는 표현의 차이만 있을 뿐 본성의 차이는 없다고 한다. 레비스트로스의 입장을 취하는 나카지와 신이치中澤新一와 같은 학자들은 신화를 인류 최고의 철학이라고 주장하기도 한다. 레비스트로스 그리고 나카지와 신이치의 신화에 대한 입장은, 천체와 자연에 대한 경이로움에 대한 탐구가 신화와 철학이며, 경이로움에 기초한 탐구라는 점에서 신화 역시 철학이라는 아리스토텔레스의 입장을 따른 것으로 볼 수 있다.

따라서 철학사에서 철학의 탄생을 설명하는 '신화mythos에서 이성logos으로의 전환'은 현대 신화에 대한 연구 성과를 반영하지 않은 상태에서 신화에 대한 인식을 담은 표현이라고 볼 수 있다.

어쨌든 신화는 인간의 의지와 힘이 작동될 수 없는 영역에서 발휘된다. 우주의 운행과 자연 현상 등에서 인간의 이성으로 설명할 수 없는 영역이 존재하고, 이들 영역을 신의 힘이나 섭리, 능력을 빌려 설명한 것이다. 그러나 철학은 신화와는 상당히 다른 설명을 한다. 신들과 그 신들의 권능이나 섭리에 의해 자연현상을 설명한 신화와는 달리, 최초의 자연철학자들은 상당히 객관적이고 합리적으로 설명하려 한다.

최초의 자연철학자들은 이 세계 최초의 원인을 신이 아닌 어떤 원리나 근본 물질로 설명하려 한다. 이 세계의 구조와 현상, 운동과 변화를 신의 섭리가 아니라 근본원리와 근본물질에서 찾으려 했다. 그들은 이러한 활동을 "원인에 대한 탐구$_{aition}$"라고 불렀다.

**신화적 설명과 철학적 설명**

|  | 신화적 설명 | 초기 철학자들의 설명 |
|---|---|---|
| 벼락 | 제우스의 분노 | 바람에 의한 번개, 구름의 대립 (아낙시만드로스) |
| 지진 | 포세이돈의 분노 | 대지의 흔들림 (탈레스) |
| 대지 | 아틀라스의 몸 | 태양과 지구의 크기 = 27:1 (아낙시만드로스) |
| 인간 | 신과 혈연적 관계 | 습지에서 생물 탄생 (소크라테스) |

그렇다면 '신화$_{mythos}$에서 이성$_{logos}$으로의 전환'을 이끌어낸 힘은 무엇일까? 그 힘은 바로 의심하고 질문하는 능력에 기초한다. 플라톤의 ≪소크라테스의 변론≫에서 소크라테스가 철학자의 임무는 '지혜를 사랑하며 자신과 남들을 캐물어 들어가는 것'이라고 했듯이, 이 '캐물음$_{exetasis}$'이 철학의 정신이자 실천이다. 대부분의 철학자들이

철학적 실천에서 가장 중심에 두는 것 역시 캐물음이다. 캐물음은 의심하는 것이기도 하다.

데카르트René Descartes, 1596~1650의 철학적 실천에서 중심이 되는 것은 의심이었다. 데카르트는 모든 것을 의심해서 함부로 받아들이지 않겠다는 입장에서 자신의 철학을 시작하고 전개했다. 볼프Christian Wolff, 1679~1754는 우리가 아는 모든 지식은 '이야기 지식cognitio historica'이라고 하면서 그것이 참인지 거짓인지를 따져본 지식을 '철학적 지식cognitio philosophica'이라고 불렀다. 칸트Immanuel Kant, 1724~1804는 '스스로의 사유를 통해 근거를 확보함selbstdenken'을 철학함이라고 보았다.

이들 철학자들의 철학적 실천을 한 마디로 하면, 바로 캐묻는 것이다. 이 캐물음을 통해 근거를 확보하는 것이 철학적 실천이다. 캐어물음을 통해 근거를 확보하는 일은 '증명'이라는 단어로 수렴된다. 질문에서 증명으로 이어지는 과정에서 근거를 확보하고, 이 근거들로부터 주장을 도출하는 사유의 실천이 철학이다. 또한 이 과정에서 상대방을 설득하기 위해 논리적 탐구를 하거나, 현상과 사태의 원인을 규명하려는 탐구가 철학적 실천이다. 이처럼 질문하고 근거를 확보하고, 원인을 탐구하는 활동이 자연스럽게 신화적 사유를 넘어서 철학적 사유를 탄생시킨 것이다.

질문하고 증명하는 탐구는 로고스logos라는 독특한 용어를 형성했다. 로고스는 말, 비율, 한계, 이성을 의미하는데, 여기에서 나아가

담론, 추론, 논증, 관계 등으로 의미가 확대되었다. 이러한 의미의 확대를 거치면서 "검증할 수 있는 논증적 담론"(플라톤)으로 그 의미가 정착하면서, 검증할 수 있는 논증들의 체계라는 의미에서 여러 학문을 나타내는 말 뒤에 'logy'라는 형태로 붙어 '탐구'라는 뜻으로 사용되고 있다. 이처럼 logos는 그리스 철학 전체를 이끄는 개념이 되어 철학적 논의와 과학적 탐구를 아우르는 개념이 되었다.

## 최초의 원인에 대한 탐구 aition 에서 지혜에 대한 사랑 philosophy 으로

앞에서 그리스 식민지인 여러 섬에서 자연철학이 탄생한 배경을 살펴보았다. 그리고 자연철학은 최초의 원인에 대한 탐구라는 점에서 'aition'이라고 불린다고 설명했다. 이제 아테네를 중심으로 진행된 철학, 즉 소크라테스에 의해 철학의 정의가 'aition'에서 '지혜에 대한 사랑 Philo-sophy'으로 바뀌게 된 배경을 다루어 보자. 소크라테스에 의해 철학의 대상과 방법이 바뀌고 그 결과 철학이라는 학문이 새롭게 정의된 것은 아테네의 정치적 사회적 요소가 중요한 영향을 미쳤다.

'지혜Sophia'와 '사랑Philia'이라는 말이 결합한 철학Philo-sophy은 그리스라는 국가의 독특한 문화에서 탄생한다. 그리스의 어떤 문화적 요소가 철학이라는 학문을 탄생하게 했을까? 여러 요소가 있겠지만, '폴리스Polis'의 성격에서 찾아야 할 것이다.

코린 쿨레Corinne Coulet는 자신의 저서 ≪고대 그리스의 의사소통 Communiquer En Grece Ancienne≫에서 폴리스 자체가 하나의 광장이라고 보았다. 뜬소문에서부터 토론까지 온갖 말들이 오고가는 커뮤니케이션이 가능한 장소라는 것이다. 앞에서도 언급하였듯이 광장을 중심으로 한 공간의 배치는 다양한 커뮤니케이션이 자연스럽게 일어날 수 있는 조건을 형성하였다.

그리스의 도시국가들은 문자를 권력의 도구로 사용하지 않았다. 국가에 의한 문자 사용은 사람들에게 정보를 알리고, 도시국가의 가치관을 확립하기 위한 것이었다. …… 이 도시국가라는 공동체가 모든 단계의 말들 ― 수다, 뜬소문, 문화의 보급, 대담 등 ― 로 커뮤니케이션을 할 수 있는 가능성을 제공하는 열린 장소였다는 것을 알 수 있다. 문자가 제법 중요하게 여겨졌고 시민 대다수가 읽을 줄 알았지만 문자가 커뮤니케이션의 중심이 되지는 않았다.

코린 쿨레의 말을 생각해보자. 아테네는 솔론과 클레이스테네스가 집정관archon이 되면서 민중들이 정치에 참여하게 되었고, 클레이스테네스가 이소노미아Isonomia 정책을 실시한 이후 구성원들에게 동등한 권리를 보장했다. 이는 구성원들은 빈부 차이와 신분 차이는 있어도 사회적·정치적 참여와 발언에서 동등한 권리를 가졌다는 의미이다. 동등한 권리를 가진 시민들의 참여로 이루어지는 정치적 의사결정이나 사회의 중요한 의제 결정은 대부분 토론을 통해 이루어졌고, 토론에서 자신의 의견을 관철하기 위해 필요한 능력은 타인을 설득하는 말솜씨, 즉 연설 능력이었다.

아테네의 정치적 의사결정에서 가장 중요한 수단은 토론과 연설이었다. 국가Polis의 명령이 갖추어야 할 합리성은 통치자의 권위가 아니라 설득력이었다. 다시 말해 폴리스의 중대사를 놓고 대중 앞에서 토론을 벌이고, 대중의 의견을 통해서 검증받는 것이 아테네의 '정치politics'였다. 폴리스polis와 관련된 일들이라는 의미에서 파생된 말이 정치를 의미하는 politics인 것처럼, 토론과 연설을 통해 대중을 설득하고 대중의 호응을 이끌어내는 기술이 정치인의 중요한 능력이 되면서 수사학에 대한 연구가 촉발되었고, 이는 말을 조리 있고 체계적으로 하는 방법인 논리학의 탐구로 이어졌다.

토론과 연설이 가능하려면, 폴리스의 정책과 사회적 의제가 모든 사람에게 공지되고 시민들은 이를 인식하고 있어야 한다. 폴리스는 정책과 의제를 문서로 공개하였고, 시민들 대다수는 이를 인식하고 토론과 연설에 참여했다. 다시 말해 정책과 의제를 결정하기 위해 광장인 아고라 등에 먼저 그 내용이 공개되었고, 이를 처리하기 위해 다양한 정책들이 제안되고 토론되었다. 하나의 정책으로 결정되는 과정 역시 모두 공개되고, 토론을 거쳐 결정된 정책은 완결된 체계로 공포되어야 했다. 정책이 결정되고 공포되는 것 역시 문서로 이루어졌고, 공포되는 정책은 객관성과 체계를 갖추어야 했다. 정책을 두고 제시된 다양한 의견을 조율하고 합의해가는 일은 그 정책에 대한 근본원리나 근거인 아르케arche를 찾는 행위라고 인식되었다. 이러한 아르케를 찾는 일을 주관하는 자가 집정관인 아르곤archon의 역할이었다. 아테네 아르곤은 아테네 공동체에서 근본원리인 아르케를 찾는다는 의미이다. 이러한 내용을 코린 쿨레는 다음과 같이 서술하고 있다.

> 이 작은 도시 국가들에서는 언어가 가장 중요한 역할을 했다. 군주가 통치하는 동안 제기되는 모든 일반적인 관심사, 아르케의 범위를 정하는 문제 등은 모두 토론에 의해 결정했다. 그러므로 이러한 문제점들을 모두 담화 형태로 고쳐야 했고, 대조적인 논증, 즉 상반된 논증 형태로 만들어야 했다. 정치와 말 사이에는 이토록 서로 밀접함 관계가 있는 것이다. 정치란 본질적으로 말을 다루는 것이다.

또한 시민들 사이에서 일어나는 분쟁을 조정하는 소송의 절차와 판결문도 공개되었다. 동등한 자들(시민) 사이의 분쟁에서 가장 우선시된 것은 공정성이었고, 공정성을 담보하는 길은 법률적 절차와 소송 과정이 공정하게 이루어지게 하고, 소송의 전 과정과 판결문을 일반에 공개하는 것이었다. 소송의 과정과 판결문에서의 공정성 확보는 원고와 피고, 시민들이 모두 수긍할 수 있는 합리성을 갖추어야 가능했다.

  정책을 수립하고 결정하는 과정과 법률의 문제에서의 공정성은 객관성과 합리성의 요구로 이어졌다. 현대 국가에서도 국가의 정책이 관보의 형식으로 공개되고 법률적 판결문도 모든 구성원들에게 공개되고 있는 것에서 보듯이, 공적 영역에서의 지식은 점차 공개의 요구를 받게 된다. 이러한 요구는 종교와 지혜의 영역으로 확대되어 갔다. 은밀히 행해지던 종교 의례rituals에 대한 공개 요구와 더불어 종교에 종사하던 사제들의 지식인 지혜 역시 공개를 요구받았다. 이에 따라 종교 의례는 축제라는 형태로 전환되어 공개되었고, 신전에 헌정되었던 현자들의 지혜는 저술의 형태로 나타났다.

  공적 영역의 지식뿐만 아니라 종교적 지식, 현자들의 지혜까지 공개됨으로써 폴리스의 시민들은 이들 지식을 공유하게 된다. 폴리스의 시민들이 지식을 공유했다는 것은 이들 지식이 시민 누구에게나 이해될 수 있는 형태를 띠었다는 것이다. 이는 두 가지가 전제되어야 가능한 일이다. 하나는 인간이 갖는 기본적인 이해능력에 대한 신뢰이고, 다른 하나는 지식의 발견이 신적 계시와 직관에 의한 것이 아니라 인간이 가진 능력에 기초하여 차근차근 진행되어야 한다는 생각이다. 이 두 가지 전제가 갖는 의미는 지식의 보편성을 요구하는 것이기도 하다. 지식의 공개와 보편적 형태에 대한 요구는 이후 학문들이 탄생하고 발전하는 '방법론'이 되었고, 지식의 조건과 한계를 다루는 학문인 '인식론'의 토대가 되었다.

폴리스 문화를 이루는 다른 특징은 주변국의 지식을 수용해 학문으로 전환한 것이다. 그리스는 주변국으로부터 여러 문화와 학문을 받아들인다. 에게해와 지중해에 흩어져 있던 그리스의 식민도시들은 해상무역을 통해 이웃 나라들의 문화와 지식들을 흡수했고, 그리스 본토에서 이를 수입했다.

대표적인 예가 문자와 기하학과 천문학이다. 그리스는 페니키아로부터 문자를 도입하고, 이집트에서 기하학을 받아들였으며, 수메르에서는 천문학을 수용한다. 이집트의 기하학Geometry은 실용적인 문제를 해결하는 지식이었다. 기하학Geometry이 대지Geo와 측량metri이라는 어원을 가진 점에서도 확인할 수 있듯이, 나일강 범람으로 유실된 토지를 측량해 정리하거나 피라미드를 건축하는 등의 문제를 기하학으로 해결했다. 그러나 이집트인들은 기하학을 측량술의 관점에서 이해했을 뿐 여러 도형들의 성질과 그 관계를 증명하는 보편 학문으로 발전시키지는 못했다.

이집트의 기하학이 그리스에 전파되었을 때, 기하학은 지식의 공개 요구에 맞추어 누구나 납득하는 지식의 형태로 증명되어야 했다. 앞서 말한 대로 지식은 누구에게나 이해되어야 하는 것이기에 증명의 방식으로 재가공된 것이다. 이 때문에 그리스에서 기하학은 보편지식의 형태인 증명을 거쳐 학문의 성격으로 전환되었다. 기하학은 단순히 대지를 측량하는 것이 아니라 순수한 이론학문이자 증명의 학문이 된 것이다.

수메르의 천문학astronomy은 점성술과 역법의 차원에서 논의되어 왔다. 천체의 운행을 통해 국가나 개인의 길흉을 점치거나 달력을 만드는 영역이었다. 그러나 그리스에 전파되면서 천문학은 천체와 우주의 구조, 그 원리와 운동을 탐구하는 보편학문으로 성격이 전환된다. 물론 이러한 천문학의 성격 전환에서도 당연히 증명이 요구된다. 우리는 최초의 철학자들이 우주의 근본물질에 대해 질문을 던지고, 우주의 구조에 대해 철학적 논의를 펼친 것을 알고 있다. 이러한 최초의 철학적 질문들이 가능했던 것은 천문학의 수용과 무관하지 않다.

이상에서 언급한 아테네의 문화적 특징은 크게 세 가지로 정리된다. 첫째, 토론과 연설이 중요했기에 소피스트들이 등장했다. 둘째, 지식의 공개와 증명에 대한 강한 요구가 방법론과 인식론에 관련한 철학 탄생의 조건을 만들었다. 셋째, 주변국에서 수용한 기하학과 천문학 등을 보편학문으로 전환해 사고의 범위를 확장한 것이다. 이 세 가지 특징은 하나의 단어로 수렴된다. 바로 '증명demonstratio'이다. 대중에게 자신의 주장을 연설하고 대중의 검토를 받는 것에서도 논리적 증명은 중요한 일이었고, 공적 영역이든 사적 영역이든 지식을 대중에게 공개하고 검토받는 데에도, 주변국의 지식을 수용해 학문 영역으로 발전시킨 과정에서도 증명은 중요했다.

증명demonstratio은 '보여주는 행위'라는 뜻을 갖는다. 보여주는 것만큼 분명한 것이 있을까. 그리스에서 증명이란 대중을 전제하고, 그 대중에게 이해시키는 행위였다. 그래서 민중demos에게 보여주는 것stratio이 증명이라는 말이 되었다. 물론 철학적 의미에서 증명은 '증거 또는 적절한 논증에 의거해 하나의 명제나 테제를 수립하는 과정'이거나, '전제들에서 출발해 필연적 근거들을 의거해 결론인 진리가 도출되도록 하는 추리'를 의미한다.

그리스의 문화적 특징을 수렴하는 '증명'은 철학의 탄생에 필수적인 요소로 작용했다. 당연해 보이는 것을 증명하려는 욕구는 원리의 원리를 거슬러 올라가게 했으며, 결국 궁극적인 원리나 궁극적인 질문에 도달하게 하기 때문이다. 궁극적인 원리나 근본 물질, 최초의 원인을 찾는 것이 철학이다. 그래서 철학에 대한 최초의 정의는 지혜에 대한 사랑Philosophy이 아니라, "원인에 대한 탐구aition"였다. 아리스토텔레스가 《형이상학》에서 "지혜가 알려고 하는 원인들은 첫째 원인들이다"라고 하였듯이, '아이티온aition'은 소크라테스 이전의 철학자들이 모두 동의한 철학에 대한 정의였다. 다시 말해 '최초의 원인을 찾는 것'이 철학이라고 본 것이다.

소크라테스는 《향연Symposion》에서 철학을 '지혜에 대한 사랑'이라고 정의 내렸고, 이후 이 정의가 철학에 대한 정의로 확립되었다. 하지만 그리스의 문화적 독특함에서 보면 철학에 대한 최초의 정의가 '원인에 대한 탐구$_{aition}$'임은 자연스러워 보인다.

  클레이스테네스의 이소노미아 정책이 민주주의를 탄생하게 했다면, 델로스동맹 이후 그리스의 맹주가 된 아테네는 철학의 시대로 접어든다. 그리스인들은 자신을 '헬레네스$_{Hellenes}$' 혹은 '헬레네$_{Hellene}$'라고 불렀다. 우리가 흔히 그리스 철학을 '희랍철학'이라고 말하는 것은 'Hellenes' 혹은 'Hellene'의 한자식 발음인 희랍希臘에 기인한 것이다. 또 우리는 헬레니즘$_{Hellenism}$이라는 말도 사용하는데, 이는 그리스의 문명을 받아들여 문명화한 것을 가리키는 개념으로 사용된다. 헬레니즘은 서구 유럽의 문화를 지칭하는 하나의 축이 되었는데, 이는 철학적 사유와 민주주의라는 개념이 서구 유럽에 미친 영향을 드러내는 말이다.

# 03

## 최초의 철학적 질문과 밀레토스 학파

　최초의 철학 질문은 "우주의 근본물질은 무엇이고, 그 성질은 어떠한가?"이다. 이 질문은 두 가지로 해석될 수 있다. 첫째, '외견상 변화의 무질서 속에서도 영속하는 것은 무엇인가?', 둘째, '세계는 무엇으로 구성되었는가?'이다.

　우리가 경험하는 세계는 쉼 없는 변화 속에 있다. 생겨난 것들은 변화하고 쇠퇴하는 과정 속에 있다. 게다가 이 세계는 무수한 존재들이 아무 연관도 없이 나타나기도 하고 사라지기도 한다. 이러한 세계 속에서 변화하지 않고 영원한(불변하는) 어떤 물질이 숨겨져 있다고 해보자. 그러면 자연스럽게 던질 수 있는 질문은, 이는 어떤 물질이며, 그 물질의 성질은 어떠해야 하는가? 만약 영속성과 통일성을 갖춘 어떤 물질이 있다면, 우리는 그것을 어떻게 알 수 있나? 이 같은 질문들이 제기된다.

소아시아의 밀레토스가 배출한 일련의 철학자들이 이러한 최초의 철학 질문을 제기했다. 이들은 기원전 7세기에서 기원전 6세기에 활동했는데, 대표적인 인물이 탈레스Thales와 아낙시만드로스Anaximandros, 아낙시메네스Anaximenes 등이다. 이들은 "만물의 근본물질arche이 무엇인가?"라는 질문을 최초로 던지고, 이 물음에 답을 하려 하였다. 이러한 활동은 최초의 원인에 대한 탐구aition로 나타났다.

## 탈레스

탈레스Thales, 기원전 640~546가 던진 질문은 "세계가 무엇으로 만들어져 있는가?"였다. 탈레스는 세계의 근본물질을 '물' 혹은 '습기'라고 생각했다. 매우 싱거워 보이는 대답이지만, 실험도구 없이 관찰에 의존해 이러한 답을 이끌어냈다는 것은 의미가 있다. '물' 혹은 '습기'는 자연계 속에서 얼음(고체) ↔ 물(액체) ↔ 수증기(기체)로 변화한다. 고체 상태에서 액체 상태로, 액체 상태에서 기체 상태로 변화하는 과정은 지속적인 변화 상태를 보여준다. 역으로 기체에서 액체로, 액체에서 고체로의 변화도 마찬가지다. 그런데 지속적인 변화의 연속에서 영속성을 갖는 무엇이 있다. 그것이 바로 '물' 혹은 '습기'

탈레스 - 토머스 스탠리의 《철학의 역사》에서

### 탈레스

탈레스는 밀레토스 명문 가문의 후예로, 솔론과 동시대 인물이다. 당시의 발달한 항해술을 이용하여 페니키아와 이집트 등으로 가서 기하학과 천문학을 배웠다. 탈레스는 배를 타고 돌아다니면서 신화에 등장하는 땅들이 실제로 존재하는지를 검증하여, 이것이 허구임을 밝히기도 하였다고 한다. 그는 이러한 항해를 통해 우주 공간의 많은 부분을 채우고 있는 물을 근본물질로 생각하였다.

이다. 고체 상태의 얼음에 열을 가해 녹이면 액체 상태의 물이 되고, 기체 상태의 수증기를 채집하면 액체 상태의 물이 된다. 물은 다시 고체 상태의 얼음이 되고, 기체 상태의 수증기가 된다. 이러한 변화 속에서도 통일성을 유지하는 것으로 '물' 혹은 '습기'를 찾아낸 것이다. 다시 말해, 이 세계의 존재자들에서 기초가 되는 '근본물질arche; substance'을 찾았다는 의미이다. 탈레스의 질문과 대답에 관해 현대 철학자 스테빙Susan Stebbing, 1885~1943은 다음과 같이 평가했다.

> 지속되는 변화 속에서, 그 변화의 밑에 놓여 있는 하나의 동일성, 하나의 영속성은 기본물질stuff, 질적인 변화에도 불구하고 보존되는 원질substance, 그리고 그것에 의해서만 그러한 변화가 설명될 수 있는 것에 대한 탐구이다.

스테빙의 말에 따르면, 변화 속에서도 불변하는 어떤 것이자, 변화의 근거로서, 변화를 설명할 수 있는 것이어야만 '원질'일 수 있다. 그렇다면 탈레스가 말한 '물' 혹은 '습기'가 이 조건을 만족하는가를 물어야 한다. 일단 물은 변화 속에서도 변화하지 않는 동일성과 영속성은 가지고 있다. 물의 상태는 고체나 액체 그리고 기체로 변화하였다가 다시 액체, 기체, 고체로 변화할 수 있기 때문이다. 문제는 물을 변화의 근거로서 변화를 설명할 수 있는가이다. 이 세계의 모든 존재자와 현상에서 물이 변화의 근거이자 물 때문에 변화가 시작된다고 말할 수는 없다. 물은 외부의 온도나 열기 등에 의해 변화가 일어나기 때문이다. 스테빙의 기준에 따르면, '물'은 동일성과 연속성은 갖추었다고 말할 수 있지만, 변화의 근거로서 변화를 설명할 수 없다.

하지만 탈레스의 사고실험은 의미가 있다. 그것은 한 가지의 근본물질이 여러 상태에서도 동일성을 유지하고 있음을 생각해낸 것이다. 이 동일성으로부터 모든 물질은 하나의 근본물질로 만들어질 수 있다는 생각으로 발전시킨 것이다. 앞에서도 언급하였듯이, 세계 속에서 변화하지 않고 영원한(불변하는) 어떤 물질을 전제하고, 그 물질이 갖추어야 하는 성질의 문제를 나름대로 해명한 것으로 볼 수 있다.

## 아낙시만드로스

아낙시만드로스Anaximandros, 기원전 610~546는 탈레스의 이론을 비판하면서, 사물을 구성하는 근본물질이 특정한 형태의 사물 중에 하나일 수는 없다고 보았다. 만약 특정한 사물 혹은 성질이 근본물질이라면, 이 물질은 무한할 것이며 영원할 것이다. 그런데 그는 무한하며 영원한 것이 물질일 수 있는지 의심한다. 만약 무한하며 영원한 것이 물질이라면, 이 물질이 다른 물질을 제거할 수 있는 상황까지 일어날 수 있다고 보았다. 만약 이 근본물질을 '불'이라고 하고, 불의 성질이 '태우는 것'이라고 해보자. 그러면 불에 의해 나머지 존재자들은 불타 없어질 것이다. 물론 불도 없어질 것이다. 불이 근본물질이면, 불과 다른 물질과 결합으로 만들어진 물질도 불에 타게 될 것이고, 종국에서는 불만 남게 될 것이다. 불만 남게 된 상태에 이르면 불도 결국 사라지고 만다. 불은 태우는 성질 때문에 다른 물질을 필요로 하는데, 다른 물질이 없어지면 불도 소멸하게 될 것이다. 이 근본물질을 물이라고 해도 상황은 마찬가지이다. 그렇다면 근본물질은 물이나 불과 같은 물질적인 것이거나 물과 불의 성질을 가진 것

**아낙시만드로스**

아낙시만드로스(Anaximandros, 기원전 610~546)는 밀레토스에서 태어나 수학과 천문학에 익숙했다고 한다. 항해술에 천문도(별의 위치를 그린 그림)를 도입하였고, 흑해에 식민도시를 건설하는 데에도 참여했다고 한다. 밀레토스에서 태어났다는 것은 알려져 있으나, 나머지 삶에 대해서는 알려져 있지 않다. 이들에 대한 정보와 철학 사유는 아리스토텔레스의 ≪형이상학≫ 1권에서 확인할 수 있다.

일 수 없다는 것이 아낙시만드로스의 생각이었다. 근본물질을 물질적인 것으로 상정할 경우, 이는 종국에는 소멸하는 유한성을 갖기 때문이다. 또한 물질에서 기인하는 성질은 유한성을 갖는다고 보았다. 그래서 그는 근본물질에 대해 몇 가지 조건을 제시했다.

첫째, 사물의 근본물질은 사물과는 성질이 다른 것이어야 한다. 또한 모든 사물보다 더욱 근본적인 것이어야 한다. 앞에서 든 예처럼 근본물질을 물이라고 한다면, 물은 불에 의해 소멸된다. 따라서 물은 근본물질이 될 수 없다는 게 그의 생각이었다.

둘째, 앞에서 언급하였듯이, 이 세계의 변화는 특정한 사물에서 기인하는 성질에 따른 것일 수 없다. 그래서 그는 특정한 사물에서 기인한 성질이 아니라, 모든 사물의 변화를 추동하는 성질을 제시해야 했다. 그는 이 세계는 대립되는 성질들이 서로 다투면서 변화하는 상태이며, 변화를 발생시키는 대립되는 성질 중에서 네 가지 성질이 존재한다고 보았다. 그것은 바로 '온 ↔ 냉, 건 ↔ 습'이다. 이 세계는 '온 ↔ 냉, 건 ↔ 습'의 순환 과정 속에 있고, 어떤 성질이 우세하더라도 변화 속에서 회복과 균형을 이룬다고 본 것이다.

셋째, '온 ↔ 냉, 건 ↔ 습'의 네 가지 성질이 특정한 조건과 상황에서 비록 한두 가지가 우세할 수 있지만, 다시 변화함으로써 순환하기에 어느 성질을 특정해서 근본물질로 규정할 수 없다. 그래서 아낙시만드로스는 "우주의 근본적인 물질은 상호 대립적이어서 어느 하나일 수 없다"고 말한다.

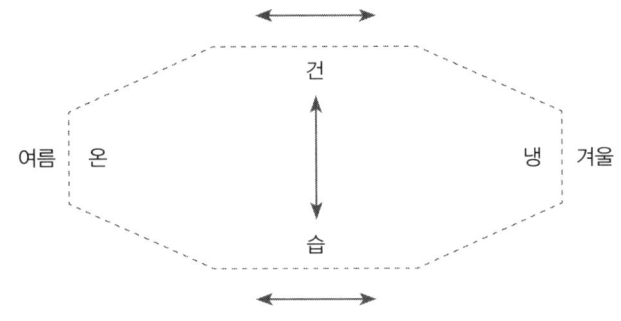

이러한 조건들에 의해 넷째, 물질의 최초 상태는 거대한 크기의 분화되지 않은 상태의 덩어리이고, 대립되는 요소들은 잠재적으로 내재된 가능성의 형태로 있지만 아직 구분되지 않은 상태라고 상상했다. 그리고 이러한 분화되지 않은 상태의 덩어리를 '무한자' 혹은 '무규정자'라는 의미에서 '아페이론apeiron'이라고 불렀다. 여기에서 a는 부정접두어이고 어간인 peras는 '끝, 한계'를 의미한다. 결국 아페이론은 '한계가 없다'는 뜻이 되는데, 이는 '끝'을 부여하거나 '한계'를 규정할 수 없다는 말이다. 만약 해변의 모래밭에서 막대기로 선을 그어 테두리를 두르면 한계가 규정된다. 그런데 선을 긋지 않으면 끝이 없는, 무한한 모래밭이다. 이와 같이 무한자apeiron의 조건은 외적으로 한정되지 않는, 즉 공간적으로 무한정한 것이다. '한계가 없다'라는 말은 규정할 수 없다는 말이기도 하다. 이는 내부적으로도 한계가 없다는 말로 이해할 수 있다. 물리학에서 말하는 미립자나 소립자처럼 내부적으로도 규정할 수 없는 어떤 것을 생각할 수 있다. 무

한자는 외부적으로도 내부적으로도 규정할 수 없는 어떤 것을 의미한다.

다섯째, 무한자로부터 원초적 대립자들이 분리되어 나오고, 이 대립자들이 서로 다투면서 이 우주를 발생시켰다가 대립자들이 파괴되어 다시 무한자로 되돌아간다고 보았다. 이는 앞서 언급한 무한자의 조건들인 첫째에서부터 셋째의 조건을 모두 수렴하는 말이다. 무한자로부터 원초적 대립자들이 나오지만, 이들이 우주와 만물을 구성했다가는 다시 무한자로 되돌아가는 과정에서 조화와 중립이 이루어진다고 보았다. 만약 근본물질이 있고, 이 물질은 불변하며, 그 물질에서 어떤 성질이 우세하다면 우주와 만물의 조화는 이루어질 수 없다고 본 것이다.

아페이론은 우주의 모든 현상의 근원이자 시초이자 원리가 된다. 그래서 아낙시만드로스는 시초, 원리, 근원, 우두머리 등의 의미를 갖는 아르케arche라는 개념을 아페이론에 적용했다. 철학에서 중요하게 사용되는 아르케라는 개념은 아낙시만드로스에 의해 최초로 사용된 개념이다.

아낙시만드로스의 철학적 사유는 탈레스에 비해 추상성이 높아졌다고 할 수 있다. 탈레스가 우주의 근본물질로 상정한 '물'이라는 사물이 제한성유한성, peras을 갖기 때문에 아낙시만드로스는 그 제한성을 극복하기 위해 추상화 단계를 거친 것이다. 이 추상화의 단계에서 제시된 것이 아페이론이다. 이는 물질이 갖는 한계성을 극복하기 위해 제시된 것이다. 물질적인 것들은 모두 끝이 있고, 그 끝이 있는 존재자는 모두 한계를 갖는다. 그는 한계를 갖는 것은 우주의 근본물질이 될 수 없다고 본 것이다. 이러한 한계peras를 넘어선 것으로 무한정자apeiron가 도출되었다고 볼 수 있다.

## 아낙시메네스

밀레토스학파의 마지막 인물은 아낙시메네스Anaximenes, 기원전 585?~525이다. 아낙시메네스는 우주의 근본물질로 '공기air'를 주장한다. 그는 일상적인 의미의 공기를 공기와 안개로 생각했다. 공기를

**아낙시메네스**

아낙시만드로스보다 대략 25년 후에 태어난 아낙시메네스(Anaximenes, 기원전 585?~525)는 아낙시만드로스의 젊은 친구라는 설도 있고 제자라는 견해도 있다.

생각해 보자. 자연 상태에서 공기는 가장 고르게 분포되어 있으면서도 눈에 보이지 않는다. 다시 말해, 공기는 어떤 형태를 가진 것이거나 한계를 가진 것으로 인식되지 않는다. 그러면서도 무한히 존재하는 것으로 이해된다. 공기를 두고 이렇게 생각하면, 아낙시만드로스가 생각한 아페이론apeiron 개념과 같아진다. 또한 공기는 우주를 가득 채우고 있는 무한한 것일 뿐만 아니라 어떤 성질을 가진 것으로 볼 수 있다. 우리는 공기를 호흡해서 생명을 유지하며, 동물과 식물들도 공기를 호흡해서 생명을 유지한다. 공기는 생명체를 유지하며, 공기 중의 구름과 안개처럼 생명은 지속적으로 변화하면서 운동한다. 공기는 변화와 운동을 하면서 생명체를 유지하는 성질을 갖는다.

아낙시메네스가 우주의 근본물질을 공기라고 한 것은 탈레스의 생각과 아낙시만드로스의 생각을 수용한 결과임을 알 수 있다. 근본물질을 두고 탈레스는 변화 속에서도 지속하는 어떤 성질을 말했는데, 이를 수용해 공기를 거론하고 있는 것이다. 또한 아낙시만드로스가 제시한 아페이론apeiron 개념도 수용해서 한계가 없으면서도 무한히 존재하는 공기를 제시한 것이다.

아낙시메네스는 공기가 농축과 희박의 변화를 통해 다양한 물질을 만든다고 생각했다. 이러한 생각을 이해하기 위해 안개라는 것으로 공기를 생각해보자. 안개가 뭉쳐지면 물이 된다. 바다 위의 안개들은 구름을 형성해 비가 되어 내리며, 눈이 되기도 하고, 얼음이 되기도 한다. 아낙시메네스는 안개에서 비나 눈, 얼음이 되는 과정을 공기의 농축화 과정으로 이해했고, 이러한 농축이 더 진행되면 흙과 돌 같은 고체가 된다고 보았다. 이와 반대로 바닷물이 희박화를 거치면 하늘에서 안개나 수증기가 될 것이다. 또한 아낙시메네스는 공기를 생명의 근원으로 보았다. 인간뿐만 아니라 동식물도 공기가 없으면 호흡을 하지 못해 죽는다. 그는 우주는 공기가 감싸고 있고, 사람의 영혼도 공기로 되어 있다고 보았다.

아낙시메네스는 공기가 희박화와 농축화라는 반대의 성질로 운동을 되풀이하는 것으로 보았는데, 이 운동으로부터 존재자들이 생성되고 소멸된다고 생각했다. 예컨대 공기가 희박하게 되면 뜨거워지고 불로 바뀔 수 있으며, 농축되면 바람과 구름, 흙과 돌이 생긴다고 주장한다. 그는 이처럼 농축화와 희박화를 통해 이 세계가 형성되거나 소멸되는 과정을 겪는다고 보았다.

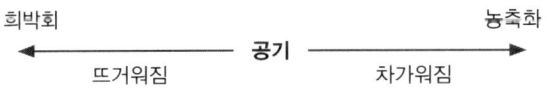

이렇게 설명하면, 이 세계의 사물은 동일한 물질로 구성되었으며, 사물의 차이는 양의 차이 밖에 없게 된다. 우리의 영혼도 공기로 이루어져 있으며, 우리의 영혼이 살아 있는 것처럼 공기가 이 세계를 살아 움직이게 한다고 보았다.

결국 아낙시메네스는 존재자의 질적 차이를 인정하지 않고, 다만 양적 차이만을 인정한 것이 된다. 여기서 재미있는 질문을 생긴다. "나는 몇 퍼센트의 공기가 농축되어 존재하며, 이 원고를 쓰는 책상은 몇 퍼센트의 공기가 농축화된 것일까? 나와 이 책상은 공기의 희박화와 농축화에서 어느 정도의 차이가 있는가?"

## 밀레토스학파의 의의

밀레토스학파 철학자들의 주장은 현대의 과학적 지식으로 보면 한계가 분명해 보이지만, 중요한 의의를 갖는다.

첫째, 신화적 설명을 배제하고 이 세계의 근본물질이 무엇인지 질문한 점에서 의의가 있다. 신의 섭리나 권능에 의한 설명이 아니라, 질문을 통해 이 세계를 설명하려 했다는 점이다. 이는 철학의 정신이 의심하고 비판하며 질문하는 것이라는 점을 보여준다. 신화적 세계에 대한 의심과 비판, 그리고 질문하는 그들의 사유가 철학의 정신이 되었다.

둘째, 사고실험을 했다는 점이다. 철학은 사고실험의 일종이다. 사고실험이란 기존의 패러다임에 갇혀 있지 않고 의심하고 질문하는 능력이다. 당시 그리스는 각 폴리스마다 신앙하는 신들을 추종하고 그 종교에서 권하는 삶을 살았기에 의심하거나 질문하지 않았다. 종교적 신비주의는 올림포스 산의 신들을 추종하고 신앙하는 것을 올림픽 게임처럼 열광했는데, 이러한 종교적 권위와 당시 사람들의 열광 속에서도 밀레토스학파의 철학자들은 종교적 용광로에 빠지지 않았다. 이들은 자유로운 사색과 사고실험을 도입함으로써 철학의 장을 열었다. 이들이 보여준 사고실험은 현상계의 운동과 변화를 넘어선 근본물질을 추구하면서 추상화 과정을 걸었다.

셋째, 철학의 기본이 되는 개념을 탄생시켰다. 밀레토스 학파가 찾고자 했던 근본물질에 대해 아리스토텔레스는 원질$_{arche}$이라고 이름 붙였다. 아리스토텔레스는 원질이 우주를 이루고 있는 질료$_{hyle}$라고 생각했다. 그러면서 이 근원인 "원질이 어떻게 변화를 유발하는가?"라는 질문을 제기했다. 그는 상식적으로 '질료(재료)'가 되는 것은 물질이어서 운동을 못하게 될 것으로 생각했다.

물론 아리스토텔레스는 밀레토스 철학자들에 대해 "게으르게도 운동의 원인을 탐구하지 않았다"고 평가했지만, 밀레토스 학파의 철학자들은 소박하게 이 원질들이 운동의 원리를 내재하고 있다고 보았다.

# 04

## 우주의 구조에 대한 질문과 피타고라스학파

## 피타고라스학파의 인생관

피타고라스Pythagoras, 기원전 569~475를 중심으로 형성된 피타고라스학파 역시 그리스 본토가 아니라 터키 가까이 위치한 사모스 섬에서 철학 활동을 했다. 피타고라스학파의 질문은 "우주의 근원과 구조는 무엇인가?"라는 것이다.

피타고라스의 철학적 동기는 이오니아 철학자들과 다르다. 피타고라스학파의 경우는 철학적 호기심이 아니라 종교적 활동에서 철학적 실천이 이루어졌다고 할 수 있다. 종교적 활동으로서 철학적 실천이라 함은 종교적 활동에서 철학적 주제를 발견하고 이를 실천했다는 의미이다. 피타고라스학파에게서 철학은 '삶을 관조theoria'하면서 '심신의 조화harmony'를 이루거나 '명상을 통한 정화'를 위해 실천되었다. 이러한 종교·철학적 실천의 궁극적 목적은 신과의 합일Homilia이었다. 피타고라스학파에서 신과의 합일은 무속에서 말하는 종교적 의식을 통한 접신을 의미하지는 않는다. 피타고라스학파의 철학적 내용을 통해서 알 수 있는 것은, 이들에게서 신과의 합일이란 우주 질서에 대한 인식과 그 인식에 대한 합일이라는 의미이다. '철학은 관조theoria'라는 정의는 피타고라스학파에서 영향을 받은 것인데, 이 관조는 종교적 의례를 통한 합일이 아니라 우주 안에서 질서와 조화를 찾고 이와 합일함을 의미한다.

피타고라스학파의 핵심 교리는 '영혼의 불멸성'과 '영혼의 윤회설'이다. 영혼이 소멸하지 않고 윤회한다는 교리는 오르페우스교의 교리를 따른 것이다. 이를 전제로 받아들이면 모든 생명체는 서로 동족同族 관계를 맺게 된다. 돼지나 소도 인간의 영혼이 윤회한 결과로 현실에 존재하는 것이 되기 때문이다. 이러한 신념으로 피타고라스학파는 육식을 금했다. 자신이 먹는 고기가 어쩌면 조상의 영혼이 깃든 동물의 것일 수도 있다고 생각했기 때문이다.

또한 피타고라스학파는 우주 전체를 살아 있는 생물이라고 믿었다. 아낙시메네스처럼 피타고라스학파 역시 우주는 무한량의 공기와 숨으로 둘러 싸여 있어서 이것이 우주 전체에 스며들어 생명을 준다고 여겼다. 이러한 교리에 따라 인간의 숨이나 생명은 무한하고 신적인 우주의 숨이나 생명과 본질적으로 같은 것으로 보았다. 우주는

**피타고라스** – 토머스 스탠리의 《철학의 역사》에서

> ### 피타고라스학파
>
> 피타고라스학파는 종교교단을 형성했으며, 피타고라스(Pythagoras)가 중심 인물인 것은 확실하지만, 철학적 입장에서 피타고라스학파와 피타고라스를 구분할 수 있는 내용은 없다. 피타고라스는 철학에 수학을 도입한 학자였고, 이는 철학에 추상적 사고를 도입하여 발전시키는 데 상당한 영향을 미쳤다. 피타고라스는 종교적 복고주의 입장을 견지하였고 그의 교단이 귀족적이길 원했다. 이러한 이유로 민주주의를 신봉하는 사람들에 의해 습격을 받아 교단이 해체되었다.

하나이고 영원하며 신적인 것이었다. 반면에 인간은 여럿이고 각기 다르며 사멸하는 존재이지만, 인간의 본질적인 부분은 혼이며, 혼은 우주의 숨, 우주의 생멸과 본질적으로 같은 것이기에 사멸하지 않고 영원히 윤회한다고 본 것이다.

이러한 사유는 소멸하는 육체에 불멸하는 혼이 갇힌 인간의 조건을 사유하게 만들었다. 인간이 육체에 혼이 깃든 혹은 갇힌 존재라는 생각은 삶에서 하나의 목표와 태도를 결정 짓게 한다. 육신의 더러움을 털어버리고 순수한 정신(혼)의 상태를 유지하는 것, 이것이 궁극적인 삶의 목표였다. 그리고 우주의 신적인 것과 재결합 상태에 이르는 것, 다시 말해 자신의 적멸寂滅에 도달할 때에 그 목표를 이루게 된다.

영원불멸하는 영혼이 변화와 소멸하는 육체에 구속되어 있는 상태에 놓이게 된 것이 우리의 인생이라면, 삶에 대한 태도는 달라진다. 생성하고 소멸하는 육체는 다양한 욕구나 욕망의 노예 상태에 놓일 가능성이 높다. 만약 영혼이 육체로 인한 욕구나 욕망의 노예가 된다면, 이를 극복하는 길은 육체에 대한 통제와 정신의 단련이라는 삶의 태도를 견지할 수밖에 없다. 일반적으로 보면, 이러한 육체에 대한 통제와 정신의 단련을 '심신수련' 혹은 '심신의 조화추구'라고 하고, 그것을 실천하는 구체적인 방법으로는 혼(정신)의 단련을 위한 '명상meditation'과 혼을 깨우는 '사유의 단련'을 한다.

피타고라스학파는 철학을 이 세계에 대해 초연히 명상하는 일이라고 보았다. 명상하는 삶이 철학자의 삶이라고 본 것이다. 피타고라스학파는 이를 '경기장의 비유'로 말하고 있다. 올림픽 경기장에는 세 부류의 사람이 있다.

첫째 부류는 경기장에 물건을 팔러온 장사꾼이다.

둘째 부류는 경기에 직접 참여하는 사람으로 선수, 감독, 코치 등이 이에 해당한다.

셋째 부류는 구경꾼이다.

세 부류 중에 구경꾼은 변화무쌍한 경기의 흐름을 가장 객관적으로 관람함으로써 경기 전체에 대한 앎을 얻는다. 반면에 첫째 부류의 장사꾼은 장사를 해야 하기에 경기에 집중하지 못한다. 이들은 경기 전체에 대한 앎을 얻을 수 없다. 둘째 부류의 선수나 스태프는 경기에 몰입하기에 전체적인 경기의 흐름이나 시합을 객관적으로 볼 수 없다. 다시 말해 '관조'라는 관점에서 볼 때, 첫째와 둘째 부류의 사람들은 경기를 관조theoria할 수 없다. 관조야말로 무상한 세계에 태어나서 우연성을 초월할 수 있는 유일한 방법이며, 윤회와 출생을 벗어나게 해주는 삶의 태도라는 것이다.

## 피타고라스학파의 음악과 수학

　피타고라스학파가 추구하는 삶의 목표와 태도는 우주정신과 개인 정신 간의 합일을 추구하고, 육체로부터 정신을 분리하려는 철학적 방향을 갖게 만든다. 이 철학적 방향성은 음악과 수적 모델의 탐구로 향하게 하였다.

　심성을 순화하거나 수양하는 데 음악은 중요한 수단이 된다. 우리는 음악을 듣고 있으면 마음이 차분해지거나 정신 집중에 도움이 되는 것을 경험한다. 특히 공부를 할 때 바로크 음악이나 바흐의 음악과 같은 클래식 음악을 들으면 심신이 차분해지고 정신이 집중된다. 그 이유는 이들 음악이 대수학적 작곡법으로 만들어진 음악이기 때문이다. 대수학$_{algebra}$적 계산에 의해 음들의 조화를 추구하는 작곡법을 흔히 대위법이라고 한다. 대위법은 2개 이상의 독립된 선율을 조화롭게 배치하는 작곡 기법이다. 이는 수학적 계산, 즉 음계를 수적 비례 관계로 계산하여 작곡한다는 의미이다.

　피타고라스학파는 음계의 조화를 구성하는 수적 비례를 발견하였다. 그들은 심신의 조화, 심신 수련을 위해 음악을 탐구하면서 그 원칙을 조화에 두었다. 그들이 발견한 음계의 수적 비례는 다음과 같다. 현악기의 현의 길이를 1이라고 하자. 이 현을 1/2로 줄여서 튕기면 한 옥타브 위의 '도' 소리가 난다. 현의 길이를 3/4로 줄여 튕기면

'파' 소리가 나고, 2/3으로 줄여 튕기면 '솔' 소리가 난다. 현의 길이가 1인 음과 현의 길이를 1/2로 줄여 튕긴 음에서는 한 옥타브의 차이가 나고, 현의 길이를 1/2로 줄여 튕긴 음과 2/3으로 줄여 튕긴 음에서는 4도의 차이가 나며, 1/2로 줄여 튕긴 음과 3/4으로 줄여 튕긴 음에서는 5도의 차이가 난다. 그리고 현의 길이에 조화가 깃들어 있다고 보았다. 이 조화는 이후에 윤리학에서 '중용mesotes' 개념으로 발전했다.

피타고라스학파는 음악에서 발견한 수적 비례를 근거로 발견한 음계의 조화는 모든 사물의 근본이 '수數'라거나 수적 구조를 가졌다

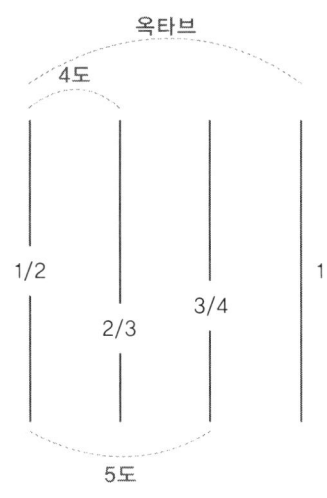

3/4 × 2/3 = 1/2

는 생각에 도달하게 하였다. 이 생각대로 만약 이 세계가 수적 구조로 이루어져 있다면, 이 세계의 본질을 쉽게 파악할 수 있다는 생각으로 이어진다. 현실 세계가 변화하고 유동적이지만 그 변화의 너머에는 조화로운 구조가 있고, 그것이 본질일 수 있다는 것이다. 이러한 생각의 끝에서 피타고라스학파는 "우주의 근본은 수이다", "우주의 구조는 수적 구조로 구성된다"는 주장을 하게 된다. 그리고 이러한 사유는 질서 혹은 구조가 사물에 내재해 있다는 방향으로 전개되어 간다.

## 조약돌 놀이

피타고라스학파를 생각하면 제일 먼저 떠오르는 것 중의 하나가 피타고라스의 정리와 같은 수학적 사유이다. 피타고라스학파는 수를 최초에는 작은 덩어리, 작은 돌(조약돌)로 표상했다. 우리가 잘 알고 있는 영어 단어 calculation은 '계산'을 뜻한다. 그러나 원래 이 단어의 뜻은 '조약돌 놀이 calculi' 혹은 '조약돌 놀이를 하다'는 의미이다. 피타고라스학파는 조약돌을 통해 수학적 계산을 했다. 이들은 조약돌을 놓는 것을 통해 수적 구조를 표현했고, 특정한 구조들의 원리를 표현하려고 했다. 조약돌을 배열하고 조약돌로 계산한 것이다. 물론 당시 필기도구가 발달하지 못하였고, 점토판이나 파피루스보다 조약돌을 사용하여 계산하는 것이 편리했기 때문이기도 할 것이다. 또한 그리스에서는 조약돌로 주판abax; abacus을 만들어 사용하기도 했다. 이 때문에 'calculation'은 '조약돌 놀이'와 '계산'이라는 두 가지 뜻을 가지게 되었다. 칼큘리calculi는 작은 조약돌이라는 의미를 지니면서도, 조약돌을 이용한 셈을 의미한다. 고대에 조약돌을 사용해 셈을 하던 칼큘리 유물이 이란 사슐리 지역에서 발굴되었다. 이 유물은 흙으로 빚은 조약돌과 그 조약돌을 담을 수 있는 항아리였다. 항아리 속에 흙으로 빚은 조약돌을 넣고 항아리 표면에 조약돌의 숫자를 표기하는 형태였다.

　조약돌을 자연수에 따라 배열하는 상상을 해보자. 우선 모래밭에 크기가 일정한 조약돌을 삼각형 모양으로 1, 2, 3, 4, 5 … 식으로 배열하고, 홀수만의 배열인 1, 3, 5 … 식으로 배열하며, 짝수만의 배열인 2, 4, 6, 8 … 식으로 배열을 해보자. 여기에서 전제는 조약돌 한 개가 자연수 1, 조약돌 두 개가 자연수 2, 조약돌 세 개가 자연수 3 … 으로 정의된다. 피타고라스학파는 조약돌의 개수와 그에 해당하는 자연수를 등치하여 전제했다.

　조약돌을 배열해 삼각형을 만들어보자. 직각 형태의 조약돌 배열에서 삼각형의 형태를 제대로 이루는 것은 ①과 ②뿐이다. 삼각형의 꼭짓점은 하나의 조약돌이어야 하는데, ③의 경우는 이 조건을 채우

**직각삼각형의 배열**

| | | | | | | | |
|---|---|---|---|---|---|---|---|
| ○ | 1 | ○ | 1 | ○○ | 2 |
| ○ ○ | 2 | ○○○ | 3 | ○○○○ | 4 |
| ○ ○ ○ | 3 | ○○○○○ | 5 | ○○○○○○ | 6 |
| ○ ○ ○ ○ | 4 | ○○○○○○○ | 7 | ○○○○○○○○ | 8 |
| ① | | ② | | ③ | |

지 못하므로 삼각형이 될 수 없다.

문제는 ①과 ②가 삼각형을 이루느냐이다. ①의 경우 모양은 직각삼각형의 형태를 갖추었지만, 앞서 언급한 피타고라스의 전제, 조약돌의 개수와 그에 해당하는 자연수의 등치라는 전제를 놓고 생각해보면, 조약돌의 배열에서 세 변이 모두 조약돌 4개이므로 세 변의 길이가 같은 삼각형이 된다. 실제로 종이 위에 그려서 교차점을 기준으로 세변의 길이를 자로 재어보면, 밑변과 높이는 4가 되지만, 빗변은 5가 된다. 따라서 ①은 직각삼각형의 형태는 갖추었지만, 직각삼각형의 성질은 갖추지 못했다. 결국 이 삼각형은 조약돌의 배열에서 드러난 자연수의 비율, 즉 '높이 : 밑변 : 빗변'이 '1 : 1 : 1'인 정삼각형인데, 실제로는 직각이등변삼각형이다. 또 우리가 익히 알듯이 세 변의 길이가 같은 삼각형은 정삼각형이고, 정삼각형은 세 각이 각각 60도여야 한다. 그럼에도 이 삼각형은 밑변과 높이 사이의 각이 90

도로 직각삼각형의 형태를 띤다. 다시 말해 '직각정삼각형'이라는 이상한 삼각형이 만들어진 것이다. 직각정삼각형은 존재할 수 없으므로 ①은 삼각형일 수 없다.

②는 일반적인 직각삼각형의 형태를 이룬다. 조약돌의 개수를 통해서 보면, 높이와 빗변의 길이가 4로 같다. 그런데 이 삼각형은 직각삼각형의 조건을 충족하지 못한다. 직각삼각형은 길이가 같은 두 변 사이의 꼭짓점을 밑변에 내렸을 때, 그 선분이 직각을 이루어야 한다. 이 삼각형은 이 조건을 충족하지 못한다.

③은 꼭짓점이 4개로 삼각형의 조건에 맞지 않다.

따라서 ①, ②, ③의 도형은 모두 삼각형의 조건을 갖추지 못해 삼각형이라고 할 수 없다.

이제 일반적인 삼각형의 형태로 배열해보자.

조약돌 개수로 생각해보면, ①은 세 변의 길이와 각의 크기가 같은 정삼각형이다. 두 빗변의 조약돌 개수는 4개이고 밑변의 조약돌 개수 역시 4개이므로, 세 변의 길이가 세 각의 크기가 같다. ②는 두 빗변의 조약돌 개수는 4개이고 밑변의 조약돌 개수는 7개이므로, 두 변의 길이가 같은 이등변삼각형이다. 그러나 나머지 조약돌 배열은 삼각형의 형태를 이루지 못한다. 꼭짓점의 조건을 갖추지 못한 ③과 빗변이 직선을 이루지 못하는 ④와 ⑤는 삼각형의 형태가 아니다.

이러한 조약돌의 배열에서 삼각형의 특징들을 발견할 수 있다. 먼저 삼각형을 이루려면 조약돌은 자연수 1로부터 시작해야 된다. 만약 자연수 2나 3으로 조약돌을 배열하기 시작하면, 이는 전혀 다른 도형이 된다. 또한 짝수만으로 배열된 조약돌의 배열은 삼각형을 이룰 수 없다. 이는 네 개의 변을 가진 다른 도형이 된다. 이는 삼각형의 꼭짓점이 세 개인 사실을 증명하는 것이 된다.

또 자연수 1, 2, 3, 4, 5 …의 배열은 세 변의 길이가 같다는 사실을 보여준다. 각 변의 조약돌 개수가 같기 때문에 이들 변의 길이는 같다. 우리가 일반적으로 알고 있듯이, 세 변의 길이가 같은 삼각형은 정삼각형이다.

**일반적인 삼각형의 배열**

| ① | ② | ③ |
|---|---|---|
| ○ 1<br>○○ 2<br>○○○ 3<br>○○○○ 4 | ○ 1<br>○○○ 3<br>○○○○○ 5<br>○○○○○○○ 7 | ○○ 2<br>○○○○ 4<br>○○○○○○ 6<br>○○○○○○○○ 8 |

| ④ | ⑤ |
|---|---|
| ○ 1<br>○○ 2<br>○○○○ 4<br>○○○○○○ 6 | ○ 1<br>○ ○ ○ 3<br>○ ○ ○ ○ 4<br>○ ○ ○ ○ ○ 5 |

홀수인 자연수의 배열은 두 변의 길이가 같은 이등변삼각형이 된다. 두 변의 조약돌 개수가 같기 때문이다. 그런데 숫자의 배열을 1, 2, 4, 6으로 한 조약돌과 1, 3, 4, 5로 배열한 조약돌도 삼각형이 되지 못한다. 변을 이루는 선분이 직선을 이룰 수 없기 때문이다.

이제 삼각형을 이루는 조약돌의 개수를 다양하게 배열(1, 2, 3, 4…… / 1, 3, 5, 7……)해 삼각형을 그린다고 상상해 보자. 이런 방법으로 우리는 직각삼각형, 이등변삼각형, 정삼각형을 그릴 수 있다. 그리고 이렇게 그려진 다양한 형태의 삼각형을 통해 우리는 삼각형의 공통된 성질을 찾을 수 있다. 즉, 삼각형은 세 변으로 이루어져 있고, 꼭짓점이 세 개이며, 세 개의 각으로 구성되어 있으며, 세 각의 합이 180도인 도형이다. 피타고라스학파는 이와 같은 조약돌 놀이를 통해, 즉 조약돌을 배열하고 선분을 잇는 과정에서 삼각형의 공통 성질들을 추출했을 것이다.

## 사각형의 배열

수적 배열을 통해 조화를 추구하는 피타고라스는 사각형의 수적 배열을 진행한다. 조약돌을 짝수로 배열해서 사각형을 만들고, 홀수로 배열해서 사각형을 만들면서, 이때의 수적 비례를 통해 조화를 추구한 것이다. 정방형인 홀수의 수열은 그 비례가 1:1이고 장방형(직사각형)은 그 비례가 1:2, 2:3, 3:4로 지속된다. 이를 아래와 같이 그림으로 그려보자.

①은 직사각형의 형태가 된다. 그리고 삼각형놀이를 할 때와 마찬가지로, 조약돌 1개를 자연수 1이라고 생각해보자. 그러면 높이에 따른 밑변의 길이의 비율, 다시 말해 조약돌의 숫자는 1:2, 2:3, 3:4, 4:5라는 규칙을 가지고 증가한다. ②의 경우는 정사각형의 형태가 된다. 정사각형의 조약돌 수의 비율은 1:1의 비율을 갖는다.

피타고라스학파는 조약돌 놀이를 통해 도형들을 표현해내고, 그 도형에서 수적 구조와 질서 그리고 조화를 찾아냈다. 정삼각형은 자연수를 그 서수의 순서로 그 수만큼 조약돌을 쌓으면 이루어지고, 그 수적 구조는 위의 그림과 같이 표현된다. 직사각형은 짝수의 수열

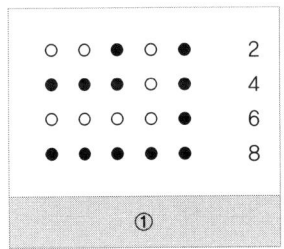

짝수의 수열은 직사각형(장방형)

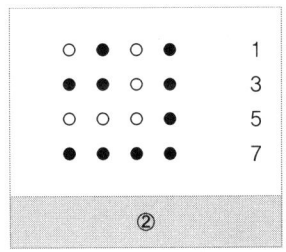

홀수의 수열은 정사각형(정방형)

로 구성될 수 있고, 수적 구조는 ①과 같이 표현된다. 정사각형은 홀수의 수열로 구성될 수 있고, 수적 구조는 ②와 같이 표현된다. 이들 도형에서 공통점은, 이들 도형이 형성되려면 일정한 수적 비율이라는 규칙성을 갖추어야 한다는 것이다.

## 수적 질서와 범형이론

  조약돌 놀이를 통해 일정한 수적 비율을 갖추면서도 조화를 갖춘 도형들을 그려낼 수 있다.
  이렇게 조약돌 놀이를 통해 도형에서 수적 규칙과 질서를 찾는 일은, 모든 존재들에 수적 구조가 있으며 안정된 형태가 되려면 일정한 수적 비율이 있다는 생각을 형성했다. 수적 비율을 갖춘 도형을 그린다는 것은 크게 세 가지 의미를 갖는다.
  첫째는 무한한 것 혹은 무규정적인 것$_{apeiron}$에 질서를 부여하는 것, 무규정적인 것을 규정적인 것$_{peras}$으로 전환하는 것이다. 모래밭에서 조약돌 놀이를 하면서 그 조약돌을 수적 비율에 따라 배열한다는 것은 규정 지워지지 않은 모래밭에 일정한 규칙과 질서를 부여하는 행위가 된다. 다시 말해 끝없는 모래밭에 수적 구조를 부여하는 일이다. 이는 무질서 혹은 무한정에 규칙과 질서를 부여하는 것이다. 이 규칙과 질서를 부여하는 도구가 수일 때, 수는 일정한 비율과 규칙, 질서를 확인하게 하는 것이다. 이는 모든 물체가 수적인 구조로 환원될 수 있으며, 이를 확대하여 이 세계에 적용하면 이 세계는 수적인 질서인 수적 구조를 갖는 것이 된다.

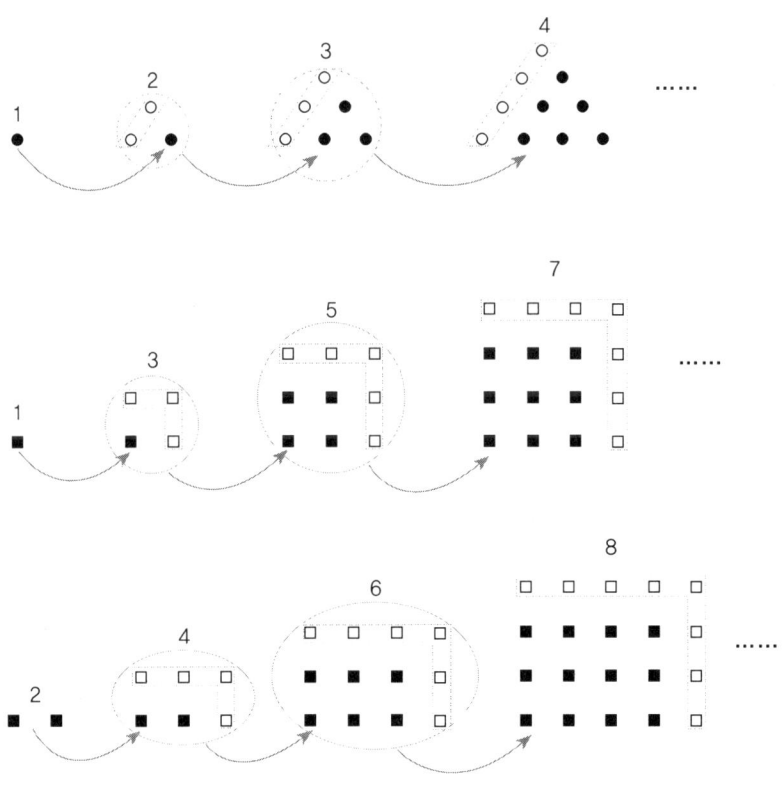

둘째는 현실계에서 그려진 도형들이 완전한 도형일 수 없음을 인식하게 하여, 완전한 도형의 상象을 형성하게 한다는 점이다. 우리가 칠판에 아무리 정확하게 정삼각형과 이등변삼각형을 그린다고 하더라도, 칠판이 가진 곡률과 마찰면 때문에 우리가 그린 삼각형은 완전한 형태의 이상적인 삼각형일 수 없다. 하지만 다양한 정삼각형을 그리는 과정에서 우리는 정삼각형의 완전한 형태를 생각할 수 있다. 앞에서 조약돌의 배열을 통해 삼각형의 성질들을 추출해냈듯이, 이 성질들이 완전히 조합된 형태를 머릿속에서 상상할 수 있게 된다. 완전한 도형에 대한 이성적 형태가 피타고라스학파가 말하는 상象이론이다.

이것은 역으로 머릿속에서 구현한 완전한 삼각형의 형태를 떠올리면서 이를 현실에서 그릴 수 있게 한다. 다양한 다른 도형들도 마찬가지로 완전한 형태를 떠올리고 이를 현실에서 그릴 수 있게 된다. 이를 다른 말로 '범형範型이론'이라고 한다. 범형은 예컨대 벽돌을 찍어낼 때 거푸집 형태의 틀에 재료를 넣어 동일한 벽돌을 찍어낼 수 있게 하는 것을 의미한다. 동일한 형태의 틀에서 찍혀 나온 벽돌은 동일한 크기와 형태를 갖게 된다. 이것이 범형이론이다.

셋째는 수적 비율의 균형과 조화에 따른 대립 쌍을 제시했다는 것이다. 피타고라스는 조약돌 놀이를 통해 수적 비율에서 완전한 균형을 이루는 것과 등차수열을 이루는 것을 구별했다. 이러한 구별에서 1:1:1과 같이 완전한 균형을 이루는 질서를 왼쪽에, 1:2, 2:3,

3:4와 같이 등차수열의 비례를 이루는 것을 오른쪽에 배치하는 대립 쌍을 제시했다.

이를 이해하기 위해서는 우선 테트라크티스Tetractys에 대한 이해가 필요하다. 피타고라스학파는 짝수와 홀수를 수의 기본 성격으로 여기고 10진법을 사용했다. 그래서 10이라는 수를 완전수로 삼고 10을 표현할 수 있는 정삼각형이 완전수를 전형적으로 보여준다고 생각했다. 테트라크티스는 이것을 나타낸 말이다.

아래의 그림을 보자. 이 그림은 조약돌을 1에서 4까지 배열한 것이다. 이러한 배열로 만들어지는 삼각형은 정삼각형이고, 여기에 사용된 조약돌은 모두 10개다. 그리고 삼각형의 세 변은 모두 4개의 조약돌로 이루어져 있다. 이는 십진법의 기준이 되는 완전수 10을 표현하면서도 완전한 조화를 이룬 수적 질서를 보여준다. 세 변의 비율은 1:1:1이다.

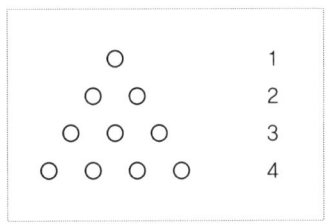

테트라크티스(Tetractys)

정삼각형(1＋2＋3＋4＝10)
10은 완전수

현재 우리도 십진법을 사용한다. 십진법은 여러 모로 편리하다. 10을 기준으로 삼으면 어떤 수의 보수도 계산해낼 수 있고, 반대로 보수를 알면 어떤 수도 계산할 수 있다. 또한 10을 기준으로 공통의 비례로 환원할 수도 있다. 십진법에서 10이라는 수는 다양한 수를 통약하는 기준이 되는 수이다.

10이라는 수는 숫자의 배열에서 1, 2, 3, 4라는 네 수들로 이루어질 수 있고, 이는 다시 모든 비례의 기본이 되는 네 가지 수로서 역할을 한다. 그래서 피타고라스학파는 이 테트락티스를 우주적 조화와 동일시했다. 그리고 이 비례의 기본이 되는 숫자들의 비율, 즉 테트락티스의 1:1:1의 비율과 그 비율을 이루지 못한 수적 질서를 대립 쌍으로 제시하면서 테트락티스의 비율을 이루는 수적 질서를 질적으로 우수한 것으로 보았다.

## 피타고라스학파의 수

이제 피타고라스학파의 수의 의미를 생각해 보자. 지금까지의 설명에서도 알 수 있듯이, 피타고라스학파가 조약돌 놀이를 하기 위해 사용한 전제가 있다. 그것은 조약돌 1개는 자연수 1에 해당한다는 점이다. 다시 말해 이것은 조약돌이 점이라면 하나의 점은 1이라는 양量을 갖는다는 의미이다. 이러한 전제는 기하학적 원리와는 다르다. 기하학에서는 점은 양을 갖지 않는다고 전제한다. 또한 피타고라스학파는 수를 자연수만으로 생각했다. 유리수와 무리수는 그들이 상정한 수에 포함되지 않는다. 앞에서 본 것처럼 삼각형 현의 길이를 다루면서 유리수 개념을 사용하기는 했지만, 이들은 1/2를 2:1, 2/3를 3:2, 3/4을 4:3 등의 자연수 비율로 표현했다.

재미있는 사실은 무리수를 의미하는 영어 단어 'irrational number'가 피타고라스학파에서 비롯되었다는 것이다. 피타고라스학파는 무리수를 발견하고 이를 이성을 의미하는 logos에 부정접두어 a를 붙여 alogos라고 불렀다. 이를 영어식으로 표현하면 'irrational'이 된다. 다시 말해 'ir-ratio'는 'ratio(이성 혹은 합리)'가 아닌$_{ir}$ 것, 즉 이성 혹은 합리적인 것이 아닌 것이라는 뜻이다. 피타고라스학파는 무리수를 합리적인 수가 아니라고 보았다. 우리는 길이가 1인 이등변 직각삼각형에서 빗변의 길이는 무리수 √2라는 것을 잘 안다. 하지만 피타고라스학파에게 무리수는 수적 질서와 규정$_{peras}$이 불가능한, 일정한 비례로 환원되지 않는 수를 의미했다. 비례로 환원이 되지 않는 수는 규정할 수 없는 것$_{apeiron}$이 되고, 무규정의 수는 수적 질서나 조화를 이룰 수 없다는 것이다.

피타고라스학파에서 수는 홀수와 짝수로 구분되면서 삼각형의 수들과 정사각형의 수들, 직사각형의 수들과 구형의 수들로 그 구분은 확대되었다. 이러한 과정에서 형상의 개념을 발견하고, 그 형상은 구조를 가지고 있으며, 구조는 수로 수렴되는 것을 확인하였다. 이런 사유에서 "만물은 수이다"라는 주장을 제시했다. 이는 구조를 가진 만물은 수적 질서로 표현될 수 있다는 의미이기도 하다. 이를 다시 말하면, 이들은 조약돌 놀이를 하면서 하나의 점으로서 조약돌이 두 개의 점을 잇는 선분으로, 선분들을 잇는 평면으로, 평면들이 모여 입체로 전개되는 구조를 보았고, 이는 대수에서 기하로 이어지는 수학적 사고를 했음을 보여준다.

한편으로는 조약돌 놀이를 통해 도형을 그리면서 공간에 대한 새로운 사유를 했다. 공간에 대한 사유를 했다는 것은 조약돌 놀이를 통해 공간에 수적 질서를 부여했다는 의미이다. 다시 말해 공간을 수적으로 표상할 수 있게 되었다는 의미이다. 공간을 수적으로 표상한다는 것은 기하학적 사유와 밀접한 관계를 맺게 한다. 우리가 익히 알고 있는 피타고라스 정리라는 것도 공간을 수적으로 표상할 수 있었기에 가능한 것이었다. 공간에 대한 수적 질서를 부여하는 일은 무규정에 apeiron에 한정 peras을 부여해 한계를 정하는 것이다. 이것이 그들의 수학적 작업이었다. 공간에 대한 수학적 사유는 무한한 공간에 한계를 부여하는 사유로 전환되면서, 무규정 apeiron에 한도와 한계를 정해주는 일이 된다. 그리고 이로써 구조가 탄생한다. 그것도 수적 구조가 탄생한다. 이는 무규정에 수적 구조라는 조화를 발견하는 일로 진행된 것이다. 이를 모든 존재자에 적용하면, 모든 존재자에 대한 수적 구조와 질서를 발견하게 된다. 그래서 그들은 우주의 근본물질은 수이고, 우주는 수적 구조를 갖는다고 본 것이다.

## 피타고라스학파의 유산

　현실에서 우리는 다양한 삼각형을 만날 수 있고, 칠판에 그릴 수도 있다. 문제는 현실 속에서 존재하는 다양한 삼각형, 칠판에 그린 수많은 삼각형이 완벽한 삼각형이 아니라는 점이다. 칠판의 평면이 절대적인 평면이 아니기에 아무리 정확하게 삼각형을 그린다 하더라도 칠판이 갖는 마찰면과 곡률에 의해 보편적인 정삼각형일 수 없다. 하지만 우리는 머릿속에서는 온전한 형태의 삼각형을 그릴 수 있다. 다시 말해 정신 속에서 보편적 삼각형을 생각할 수 있다. 정신(지성)의 대상으로서 존재하는 삼각형은 온전한 형태로 존재한다는 것이다. 우리가 삼각형을 그릴 때, 우리의 정신은 온전한 형태의 삼각형을 떠올리고 그 온전한 삼각형의 모습을 모범으로 해서 그린 것이다.
　이러한 생각은 피타고라스학파에게 새로운 생각을 부여했다. '감각의 대상'과 '지성의 대상'이라는 구분이다. 감각의 대상은 변화할 수 있고, 변화하기에 불완전하다. 역으로 불완전하기에 변화하고,

변화하기에 허망한 것이 된다. 이에 반해 지성의 대상은 불변하고 완전하며, 실재하며 영원한 것이 된다.

지성의 대상으로서 삼각형은 현실 속의 어느 삼각형에도 적용되고 원리가 될 수 있다. 다시 말해 지성의 대상으로서 삼각형은 보편성을 갖는다. 가령 원리로서 이등변삼각형은 현실 속의 다양한 이등변삼각형의 원형으로서의 형상이 된다. 우리가 현실에서 이등변삼각형을 그릴 때, 원리로서 이등변삼각형을 머릿속에 떠올려 그리게 하는 원인이 된다. 이는 원리로서 삼각형은 현실의 삼각형의 원인이라는 말이다. 역으로 말해 현실계의 삼각형은 결과이고, 이 삼각형을 그리게 한 머릿속의 원형으로서 삼각형이 원인이 된다. 이것이 앞에서도 언급한 '범형이론', 즉 '상이론'이다.

'상이론'이란 원형으로서 삼각형, 사각형이 있고, 이 형상을 현실에서 모방해서 그린다는 것을 의미한다. '범형이론'이란 벽돌을 찍어낼 때 벽돌의 틀로서 범형이 있어서 이 틀에 흙과 시멘트를 혼합하여 재료로 넣고 찍어내듯이, 현실계의 너머에 모든 현실계의 존재자들의 원형으로서 범형이 존재한다는 것이다. 이러한 사유는 원인과 결과, 혹은 형상과 질료, 보편자와 개별자라는 사유를 낳게 한다. 그래서 감각적 대상과 지성의 대상이라는 구별은 형상으로서 원인과 개별자로서 결과라는 구조가 탄생한다.

이러한 구조는 플라톤에 이르러 지성의 대상으로서의 이데아계와 감각의 대상으로서의 현실계로 계승되었고, 이데아와 그것의 모방으로 현실적 존재, 현실계의 원인으로서 이데아계 등의 이분법적 사유를 형성했다. 또한 영혼의 불멸과 윤회, 혼의 단련과 정화 등의 개념으로 소크라테스와 플라톤의 사유에 영향을 미쳤다.

이제 피타고라스학파의 의의를 정리해보자. 최초의 철학자들이 우주의 근본물질이 무엇인지 질문했다면, 피타고라스학파는 우주의 구조와 형상이 무엇인지 질문했다. 밀레토스학파가 근본물질과 대립과 혼합, 결합으로 이 세계의 구조를 말했다면, 피타고라스학파는 질서와 비율, 한도라는 개념을 추가하면서 우주의 구조와 사물의 다양성을 설명했다.

근본물질(원질)로부터 형상으로 질문이 옮겨가자 구조가 본질적인 것으로 되었고, 이 구조는 수적으로 다시 말해 양적인 것으로 표현될 수 있었다. 피타고라스학파에서 "사물은 수이다"라는 말은 구조를 염두에 두고 한 말이다.

# 05

## 운동의 문제

# 헤라클레이토스

아리스토텔레스의 4원인설 중 질료$_{hyle}$와 형상$_{eidos}$이라는 개념을 밀레토스학파와 피타고라스학파에 대입하면, 밀레토스학파의 우주의 근본물질에 대한 탐구와 논의는 질료에 해당하고, 피타고라스학파의 수에 대한 탐구와 논리는 형상론을 발견하여 제시한 것으로 볼 수 있다. 그리고 질료와 형상이 제기되면 당연히 생성과 운동의 문제가 떠오를 수밖에 없다. 그런데 밀레토스학파와 피타고라스학파에서 언급되지 않은 부분이 생성$_{genesis}$과 변화, 즉 운동의 문제이다. 앞에서도 말했지만, 아리스토텔레스는 밀레토스학파를 평가하면서 "게으르게도 운동의 원인을 탐구하지 않았다"고 했다.

운동의 문제를 처음 제기한 철학자는 헤라클레이토스Heracleitos, 기원전 540?~480?이다. 그는 아낙시만드로스가 말한 '대립자들의 상호투쟁'이라는 부분과 피타고라스의 '조화'라는 개념을 수용했다. 헤라클레이토스는 "실재의 세계는 서로 대립하는 성향들의 균형 잡힌 조정"이라는 사유를 제시한다. 서로 대립하는 성향들의 투쟁 근저에는 '한도척도, logos'에 따라 이루어지는 숨은 조화와 조율, 즉 실재의 세계가 있다고 보았다. 그래서 헤라클레이토스는 이렇게 말한다.

> "사람들은 어떠한 대립의 상태가 그대로 조화의 상태일 수 있는가를 깨닫지 못한다. 그것은 활대와 활시위의 조화 상태이다. 마찬가지로 서로 대립하는 긴장들의 조화이다."

현실에 존재하는 존재자는 숨은 조화와 조율 때문에 존재할 수 있다는 것이다. 숨은 조화와 조율은 현실계의 대립하는 것들의 투쟁을 일으키는 운동의 원리이다. 헤라클레이토스는 이를 비유적으로 "전쟁은 모든 것의 아버지이다"라고 말한다. 전쟁이라는 상황도 숨은 실재의 조화와 조율에 의한 것이라고 보았다.

숨은 조율자를 상징하기 위해 헤라클레이토스는 "불"을 제시했다. "모든 사물은 불로 바뀌고, 불은 모든 사물로 바뀐다." 그가 제시한 불은 영원히 타면서 꺼지지 않는 것을 의미한다. 따라서 불은 살아 있는 것이고, 살아 있는 불의 변형으로 만물이 생긴다고 보았다. 불

헤라클레이토스 – 토머스 스탠리의 《철학의 역사》에서

### 헤라클레이토스

헤라클레이토스(Heracleitos)는 밀레토스에서 멀지 않은 에페소스의 명문가 후손이다. 에페소스에서도 민주주의 세력이 승리하자, 에페소스 외곽에 있는 아르테미스 신전으로 가 은퇴했다고 한다. 그는 밀레토스학파의 철학을 종합했다고 평가되기도 하는데, 자연철학뿐만 아니라 인간의 문제를 다루기도 하였다고 한다. 그의 말 중에 "나는 나 자신을 탐구하였다"는 말이 있는데, 이는 인간의 문제를 철학적으로 사유했음을 보여준다.

의 변형으로 불이 생기고 물에서 흙이 생긴다. 이 변화의 방향은 "내려가는 길"이고, 흙이 변해서 물이 되고 물이 다시 불이 되는 변화의 방향은 "올라가는 길"이라고 한다. 이 변화의 과정은 끊임없이 순환하며 반복된다고 보았다.

끊임없이 순환하면서 변화를 상징하는 것이 '투쟁(전쟁)'이다. 현실 세계는 투쟁 속에 있고, 이 투쟁은 변화하며 세계는 변화의 과정에 있다는 것이다. 이를 표현한 말이, "우리는 같은 강에 두 번 들어가지 못한다. 우리는 존재하면서 존재하지 못한다."라는 유명한 경구이다. 이는 끊임없는 변화의 과정 속에 있으며 통일성을 유지한다는 것이고, 숨은 조화와 조율 때문에 과정 속에서 통일성이 유지된다는 말이다. 이 조화와 조율이 우주의 법칙이며, 이 법칙logos을 따르는 것이 개인의 운명이라는 뜻이다.

헤라클레이토스의 철학적 의의는 변화 속에서 통일성을 유지한다는 것을 해명했다는 점이다. '균형'은 투쟁의 산물이고, 투쟁은 그 자체로 좋은 것이라고 한다. 투쟁이 생명의 원천이기 때문이다. 또 다른 중요한 점은 로고스Logos라는 개념을 제시했다는 것이다. 그는 이렇게 말한다.

"나의 말에 귀 기울이지 말고, 로고스에 귀 기울여라."
"로고스는 영원히 참되다."
"사람들은 이 공통된 로고스를 따라야만 된다."

헤라클레이토스는 로고스logos를 진리와 지혜의 의미로 사용했으며, 이는 우주의 법칙을 의미했다. 이는 이후 철학자들이 로고스를 진리와 지혜의 의미로 지속적으로 사용하는 계기가 되었다.

## 엘레아학파

세계가 끊임없는 운동 속에 있다는 헤라클레이토스의 주장은 엘레아Elea학파에 의해 부정된다. 엘레아학파의 선구자는 파르메니데스Parmenides, 기원전 515~?는 이탈리아 남부 엘레아 출신이다. 그의 철학은 일一과 다多의 문제, 있음과 없음의 문제, 시간과 공간의 문제 등에서 상당한 철학적 사유를 진척시켰고, 운동과 정지의 문제에서 운동을 부정하는 사유를 탄생시켰다. 또 제논Zenon, 기원전 495?~430?은 파르메니데스의 사유를 운동과 정지에 적용시켜 운동을 부정하는 이론에 이른다. 제논의 이론은 파르메니데스의 있음과 없음이라는 존재론에 기초한다.

## 파르메니데스(Parmenides, 기원전 515~?)

파르메니데스는 이전 자연철학자들의 사유를 전반적으로 검토한다. 파르메니데스는 자신 이전의 철학자들이 모두 사물은 원질arche이라는 근본 재료hyle로 이루어져 있다고 말하면서도 그와 동시에 허공(공간)이 있다고 주장한다고 보았다. 그렇다면 이로부터 '근본적인 재료가 있으면서 허공이 존재한다는 것이 양립할 수 있는가?'라는

### 엘레아(Elea) 학파

파르메니데스의 사상을 옹호하는 철학자들을 엘레아학파라고 한다. 창시자는 파르메니데스이고 후계자로 엘레아의 제논과 사모스의 멜리소스(Melissos)가 있다. 파르메니데스가 이탈리아 남쪽에 있는 엘레아에서 출생했기에 엘레아학파라고 불린다.

파르메니데스는 여섯 각운으로 된 시를 남겼다. 그 시는 서론, 진리의 길, 억견의 세계로 나뉜다. 파르메니데스는 논리적인 사고를 철학에 도입하여, 경험적인 것과 초경험적인 것을 구별하고, 존재와 생성의 세계를 엄밀히 구분한 것으로 유명하다. 이러한 점에서 그는 서양철학의 존재론을 시작한 것으로 평가받는다.

멜리소스는 아테네 함대를 무찌른 능력 있는 장교였다. 그는 파르메니데스가 말한 허무에 대해 그것은 모순 개념이며 성립하지 않으므로 존재는 한계가 없다는 주장을 한다. 제논은 파르메니데스의 제자로 파르메니데스의 사유를 끝까지 밀고 간 철학자이다. 그는 감각적으로 주어지는 다양한 존재자와 운동 간의 모순을 지적함으로써 파르메니데스의 존재를 옹호했다.

문제가 제기된다. 이 문제가 파르메니데스가 제기한 질문이다. 이 문제를 다음과 같이 정리할 수 있다.

| 파르메니데스 이전의 자연철학자들의 주장 |

① 우주를 구성하는 근본 재료, 사물의 재료가 존재한다.
② 허공이 존재한다.

| 파르메니데스의 명제 |

① 우주를 구성하는 근본 재료, 사물의 재료가 존재한다면, 허공 역시 근본 재료로 구성되어 있다.
② 허공이 근본 재료로 이루어진 것이라면, 허공은 허공일 수 없다.
③ 따라서 허공은 존재하지 않는다.

①의 의미는 우주는 질료로 구성되어 있고, 질료가 세계를 구성하는 것이기에 허공 역시 질료로 구성되어야 한다는 말이다. ②의 의미는 ①의 의미처럼 이 세계가 질료로 가득 차 있는 것이기에 허공은 존재할 수 없다는 말이다. 그럼에도 이전의 철학자들은 허공을 용인했으며, 허공이라는 용어를 사용했다는 말이다. 따라서 파르메니데스 이전의 철학자들이 말한 ①과 ②는 모순 관계에 놓여 양립할 수 없는 주장이 된다.

## 파르메니데스의 공간과 시간

파르메니데스는 이 모순으로부터 '허공은 없다'라는 주장을 증명하려 한다. 그의 주장은 공간론에서 확인할 수 있다. 공간을 표현하려면 '여기'와 '저기'라는 용어를 사용해야 한다. '여기'는 자신과 가까운 어떤 지점 혹은 공간을 지칭하는 말이다. '저기'는 자신과 다소 먼 어떤 지점, 공간을 지칭하는 말이다. 그런데 '여기'와 '저기'를 결합해서 생각해보자. '여기'는 '저기'에 없는 것이고, '저기'는 '여기'에 없는 것이다. 다시 말해 '여기'는 '저기'가 없는 것이고, '저기'는 '여기'가 없는 것이다. 없는 것은 없으므로 저기가 없는 여기도 없고, 여기가 없는 저기도 없다.

이 말은 공간(허공)이라는 것은 어떤 구획된 장소 혹은 구획된 지점일 터인데, 이 구획이라는 것이 불가능하다는 말이다. 왜냐하면 '여기'와 '저기'라는 공간에 대한 구획 방법은 그 공간에 위치한 사람에 따라 변화하고, 모든 사람에게 적용되지도 않는다. 구획의 기준이 다 다르고 변화한다는 말이다.

복잡하지만 좀 더 구체적으로 생각해 보자. '공간'의 개념을 생각하면 일정한 크기를 가진 것이 놓인 자리이거나 일정한 크기를 지닌 빈 자리이다. 그런데 크기를 가진 것은 물체이든 자리이든 쪼갤 수 있다. 예컨대 교실 바닥(공간)에 1m의 선분을 그어보자.

칼을 가지고 이 선분을 무한히 쪼개보자. 더 이상 쪼갤 수 없는 최소 단위까지 쪼개서 그 결과 무한히 쪼개진 알맹이를 얻었다고 하자. 그러면 이렇게 무한히 쪼개진 공간 알맹이는 크기가 없거나 크기를 가진 것이거나 둘 중에 하나이다. 결과적으로 다음과 같은 결론에 도달한다.

첫째, 만약 그 최소 단위의 작은 알맹이가 크기를 가지고 있고 모두 똑같은 크기라면, 그 작은 단위의 알맹이를 무한히 더하면 어떻게 될까? 원래의 일정한 크기의 선분인 1m가 되는 것이 아니라 무한히 긴 선분이 된다. 왜냐하면 작은 단위의 알맹이는 그 수가 무한하기 때문이다. 무한한 알맹이의 합은 무한한 길이의 선분이 될 것이기 때문이다. 여기서 유한한 길이의 선분 1m이 무한한 길이의 선분이 되는 모순이 발생한다.

둘째, 만약 그 작은 단위의 알맹이가 크기를 갖지 않는다면, 그 알맹이를 무한히 쪼갠 다음 더하면 어떻게 될까? 크기가 있는 것이 도출되지 않는다. 마치 수학에서 0을 무한히 더해도 0인 것과 같다. 그러면 1m의 선분이 0이 되어버리는 결과가 도출된다. 이 역시 모순이다.

이상의 내용을 정리하면, 위의 두 논리는 그 자체로 모순이다. 일정한 크기를 갖는 선분이 무한 크기의 선분이 되었다가, 크기가 없는 0이 되었기 때문이다. 게다가 첫째 논리와 둘째 논리 사이에도 모순이 있다. 1m길이의 선분이 무한한 길이의 선분이 되거나 0이 동시에 되는 내용적 모순이 발생했기 때문이다. 이러한 논리를 통해 파르메니데스는 두 가지 질문을 한다.

첫째, 어떻게 크기가 가장 작은 단위가 있을 수 있는가?

둘째, 크기의 최소 단위를 찾을 수 없는데 어떻게 크기로 이루어진 공간이 있다고 말할 수 있는가?

그리고 이를 전제로 해서 공간은 없는 것이라고 주장한 것이다.

이러한 사유 방식을 시간에 적용해 보자. 시간은 과거에서 현재로, 현재에서 미래로 흐른다. 그럼 이러한 질문을 해보자. '과거란 무엇인가?' 과거는 이미 지나가서 현재에 없는 것이다. 이를 '이미 없는 것'이라고 하자. 그렇다면 '미래란 무엇인가?' 미래란 아직 닥치지 않아서 현재에는 없는 것이다. 이를 '아직 없는 것'이라고 하자. '이미 없거나(과거)'이나 '아직 없는 것(미래)'은 어쨌든 '없는 것'이다. 따라서 과거도 없고 미래도 없다. 시간이란 현재뿐이다. 파르메니데스의 공간론과 시간론은 제논에 의해 세련되게 재구성되기에 이 정도로 설명을 마무리 짓고, 존재론을 살펴보자.

**파르메니데스의 존재론**

파르메니데스는 존재와 사유의 일치에 관해 새로운 이론을 제시한다. 존재하는 것은 사유의 대상이 되는 것이고, 존재하지 않는 것은 사유의 대상이 될 수 없다는 주장이다. 그에게 '없음'은 '사고할 수 없음'을 의미한다. 이는 사고와 존재의 동일성을 주장하는 것으로, 이를 통해 다음과 같은 주장을 도출해낼 수 있다.

① 이 세계는 물질(질료)로 가득 차 있다.
  → 도대체 무는 없다.
② 무는 없는 것이기에 물질[유]은 무로 해체될 수 없다.
  → 소멸은 없다. 유에서 무로의 운동과 변화는 없다.
③ 무는 없는 것이기에 무에서 물질[유]은 생성될 수 없다.
  → 생성은 없다. 무에서 유로의 운동과 변화는 없다.

결론적으로 이 세계는 유(있음)의 세계이다. 앞에서 설명하였듯이 파르메니데스는 공간과 시간을 부정하였다. 시간과 공간이 부정되면, 이 세계는 운동과 변화가 없는 상태가 된다. 왜냐하면 운동과 변화는 시간이나 공간을 전제해야 하기 때문이다.

일반적으로 생성은 무無에서 유有로의 운동이거나 변화를 의미한다. 역으로 소멸은 유에서 무로의 운동이거나 변화이다. 그런데 파르메니데스의 논리에 따르면, "도대체 무는 없다." 무가 없기에 무에서 유로의 운동과 변화도 없다. 이는 생성이라는 것이 없다는 말이 된다. 무는 없는 것이기에 유에서 무로의 운동과 변화도 없다. 이는 소멸이라는 것이 없다는 말이다.

파르메니데스의 논리에 따르면, 이 세계는 운동과 변화가 없는 균질적인 세계이다. 다시 말해 파르메니데스는 이 세계는 처음 만들어진 상태 그대로 운동도 변화도 없는 세계라는 주장을 한 것이다. 이 말은 세계는 처음 만들어진 상태로 그대로 있는 상태, 즉 '있음'만을 주장하게 된다. 이는 당연히 이 있음의 세계는 '하나인가 여럿인가'라는 질문을 생기게 만든다. 운동과 변화가 없는 '있음'만 있다면, 그 있음은 하나이게 된다. 그런데 실재로는 다양하게 있는 것, 즉 여럿이 있다. 다양한 존재자들, 여럿으로 있는 것은 어떻게 설명을 할 수 있을까? 여럿으로 있는 것은 하나인데, 여럿으로 드러나 보이는 것일까? 이러한 질문에 파르메니데스는 어떻게 대답하는지 살펴보자.

이 문제를 해결하기 위해 다음의 그림을 살펴보자. 이 그림과 설명은 윤구병의 ≪철학을 다시 쓴다≫에서 가져왔다.

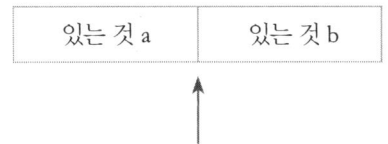

화살표로 표시한 분할선은 있는 것일까 없는 것일까? 만약 이 분할선이 있는 것이라면, 그림에 나타난 것은 '있는 것 a', '있는 것 분할선', '있는 것 b'가 된다. 그런데 '있는 것 a', '있는 것 분할선', '있는 것 b'에서 공통적인 말이 '있는 것'이다. 위의 그림에서 '있음(있는 것)'은 셋으로 구분할 수 있지만, 있음이라는 유개념에서 보면 '있는 것 a', '있는 것 분할선', '있는 것 b'는 있음이다. '있는 것 a', '있는 것 분할

선', '있는 것 b'는 모두 있는 것이 된다. 이는 모두 있는 것이라는 의미, 즉 있음이라는 유개념에서 '있는 것'은 '하나'라고 할 수 있다.

만약 이 분할선이 '없는 것'이라고 한다면, '분할선'은 '없는 것'이므로 '있는 것 a'와 '있는 것 b'는 분할되지 않는 '하나'가 된다. 따라서 '있는 것 a'와 '있는 것 b'는 분할되지 않는 '하나'인 것처럼, 존재하는 모든 것은 '하나'이다. 있음이라는 유개념에서 있음은 하나이고, 있는 것 a, 있는 것 b가 하나이듯이, 있는 것은 하나로 뭉쳐져 있으므로 떼어내거나 구별할 수 없다.

이러한 사유를 운동과 변화에 적용해보자. 운동과 변화는 시간과 공간을 전제한다. 가령 책상 위에 엎질러진 물은 일정한 시간의 흐름에 따라 증발되어 소멸된다. 책상 위 지점 a에서 b로 굴러가는 연필을 생각해보자. 연필이 굴러가는 동안 시간도 흐른다. 이처럼 운동과 변화는 시간이든 공간이든 둘 중에 하나는 전제해야 한다. 그럼에도 파르메니데스는 공간과 시간을 부정함으로써 운동과 변화도 부정했다. 운동과 변화를 부정하게 됨으로써 없음(무)을 부정하는 사유로 이어진다. 그리하여 파르메니데스는 '이 세계는 있음(유)의 세계이고, 이 있음(유)은 '하나'의 상태이므로 변화와 운동이 없다'는 주장을 한다.

파르메니데스의 생각은 당시 사람들에게 비판을 받았다. 현실적으로 공간이 존재하고, 과거 · 현재 · 미래의 시간도 존재한다고 생각했기에 받아들일 수 없었던 것이다. 파르메니데스에게는 공간도 없고 시간도 없다. 단, 존재하는 것은 현재이다.

# 제논의 역설

## 시간론

파르메니데스에 대한 여러 공격을 방어하고 나선 사람이 제논 Zenon, 기원전 495년경~430년경이었다. 제논은 스승인 파르메니데스의 '시간이 없다'는 주장을 좀 더 발전시켰다. 그가 선택한 방어의 논리는 역설paradox이었다.

일반인들이 생각하는 것처럼 시간이 있다고 한다면, 시간의 최소 단위가 있을 수밖에 없다. 그 최소 단위를 더 이상 쪼갤 수 없다는 의미에서 시간의 원자(원자시간)라고 해보자. 당연히 시간의 최소 단위인 원자시간은 더 이상 쪼개질 수 없는 것일 테고, 시간은 최소 단위인 원자시간들이 보태져서 생겨난 것이 된다.

제논의 시간을 부정하는 논리를 그림으로 그려 설명하는 방식은 여러 가지가 있을 수 있다. 다음 페이지의 그림처럼 칸을 나눌 때, 4칸, 6칸, 8칸으로 그려서 설명하는 방식이다. 짝수 칸이면 4칸이든, 6칸이든 8칸이든 상관없다. 설명의 결과는 같기 때문이다. 여기서는 간단하게 4칸으로 그려보자. 이 그림도 윤구병의 ≪철학을 다시 쓴다≫에서 가져왔는데, 서울역 플랫폼 중의 하나를 단순하게 그린 것이라고 가정해보자.

1. 플랫폼

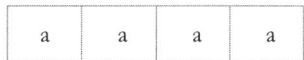

2. 부산발 서울행 기차

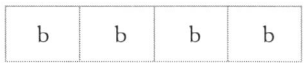

3. 서울발 부산행 기차

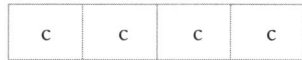

플랫폼을 향해 두 기차가 동시에 들어오는 상황이라고 생각하자.

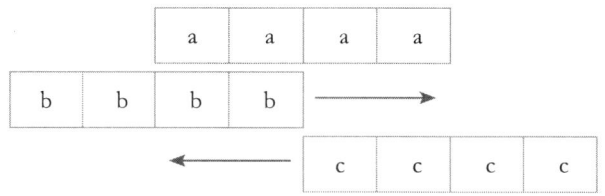

그림 ①

이 그림에서 한 칸은 시간의 최소 단위인 원자시간을 나타낸다. 그림의 a는 정거장을 나타낸다. b는 왼쪽에서 오른쪽으로 들어오는 기차를, c는 오른쪽에서 왼쪽으로 들어오는 기차를 나타낸다. 이 기차들은 한 원자시간에 정거장 한 칸을 지나친다. a와 b의 한 칸도 마찬가지로 한 원자시간을 나타낸다.

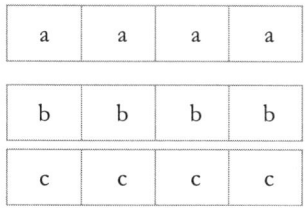

그림 ②

두 원자시간을 지나면 이 두 기차는 동시에 정거장에 들어와 다음과 같은 그림이 된다. 정거장 a를 중심으로 보면, b와 c는 두 원자시간에 모두 정거장에 들어왔다. 전혀 이상할 것이 없다.

다음 그림을 보자.

그림 ③

이 그림에서는 플랫폼 a를 떼어 놓고 기차 b와 기차 c만을 비교해 보자. b와 c는 두 원자시간에 네 칸을 지나왔다. 앞에서 시간의 최소 단위는 원자시간이고, 기차는 한 원자시간에 한 칸밖에 갈 수 없다고 했는데, 두 원자시간에 네 칸을 지나간 것이 된다. (그림 ①과 그림 ③을 비교해보라.)

이렇게 놓고 보면, 더 이상 쪼갤 수 없는 시간의 단위인 원자시간이 쪼개져 둘이 되었다. 지금까지의 논의에서 전제인 더 이상 쪼갤 수 없는 시간의 단위인 원자시간이 쪼개진 것이다. 이것이 제논의 역설 Paradox이다.

결국 더 이상 쪼개질 수 없는 시간의 최소 단위인 원자시간이 있다는 말은 성립할 수 없다. 시간의 최소 단위는 쪼개질 수 있으므로, 시간의 최소 단위가 없는 것과 같다. 따라서 시간의 최소 단위들이 모여서 이루는 시간의 흐름을 이룬다는 말은 성립될 수 없다.

**공간론**

제논이 말하는 '공간이 없다'라는 주장을 살펴보자. 물론 앞에서 소개한 파르메니데스의 '공간은 없다'는 논법과 같은 것이지만, 제논은 다르게 접근한다. 제논의 사유를 이해하기 위해서는 피타고라스의 사유로 거슬러 올라가야 한다. 피타고라스는 단위수를 조약돌로 표시하였고, 이 조약돌은 점으로 대응되어 사용된다고 말했다. 점이 단위수(자연수)였다. 즉 점은 크기를 갖는다는 말이다. 여기서 주의할 점은 피타고라스의 단위수로서의 점은 유클리드의 기하학에서 말하는 점과는 다르다는 점이다.

피타고라스학파의 생각을 기초로 하면, 선분은 무수히 많은 점으로 이루어진 것이 된다. 제논은 이러한 피타고라스학파의 생각을 수용한다. 이러한 논리를 기초로 제논의 유명한 아킬레우스와 거북의 달리기 경주를 생각해보자.

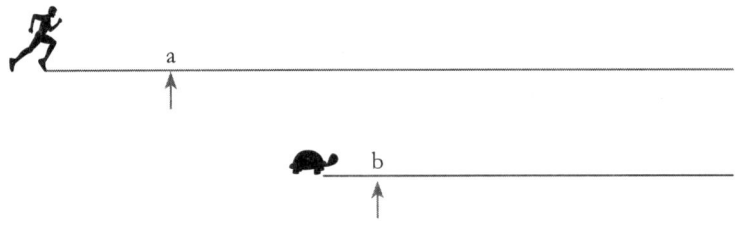

그리스에서 가장 빠른 아킬레우스와 거북의 달리기 경주가 위의 그림처럼 진행된다면, 아킬레우스는 결코 거북을 이길 수 없다. 이를 설명하는 방법은 크게 두 가지이다. 하나는 선분은 무한한 점들로 이루어져 있기에 아킬레우스가 a지점에 도착하면 거북도 일정 정도의 선분을 지난다는 것이다. 이런 식으로 아킬레우스가 일정 지점에 도착하면 거북도 일정 정도의 선분을 지나게 되면, 결국 아킬레우스는 거북을 따라잡지 못하게 된다는 설명이다.

다른 하나는 선분은 무한한 점들로 이루어져 있고, 아킬레우스가 a지점까지 가기 위해서는 무한한 점들을 하나하나 거쳐야만 한다. 거북 역시 b지점까지 가기 위해서는 무한 수의 점들을 모두 거쳐야 한다. 다시 말해 출발점 0에서 0.001까지 가려 해도 무한수의 점을 거쳐야 한다. 따라서 아킬레우스는 거북을 이길 수도 없을 뿐만 아니라, 아킬레우스와 거북은 운동을 할 수 없다.

제논의 논리는 공간을 무한히 분할할 수 있고 그 분할된 점들은 크기를 갖는다는 생각에 기초한 것이다. 공간을 분할하여 최소 단위를 얻을 수 없기에 공간은 없다고 주장한 파르메니데스의 논리를 아킬레우스와 거북의 경주로 설명한 것이다.

우리가 익히 아는 '나는 화살은 멈추어 있다'는 제논의 역설을 살펴보자. 파르메니데스의 논리에 따르면, 허공은 없는 것이었다. 앞에서 말했듯이, 파르메니데스는 근본물질과 허공이 양립하는가에 대한 비판과 논증을 통해 허공이 없음을 증명했다. 그 증명에 따르면, 허공은 근본물질로 가득 차 있는 것이기에 없는 것이다. 만약 화살이 근본물질들을 뚫고 간다면, 이는 아킬레우스와 거북의 달리기처럼 도대체 앞으로 갈 수 없다. 허공도 존재하지 않을뿐더러 공간을 가득 채운 근본물질을 모두 통과해야 하기 때문이다. 또 시간과 공간이 없기에 운동과 변화가 있을 수 없다. 그러므로 "나는 화살은 멈추어 있게" 된다. 이는 형용모순이다. 모순은 참일 수 없다. 그러므로 운동이라는 것은 없다고 주장하게 되는 것이다.

이처럼 엘레아학파의 파르메니데스와 제논은 유만 있고 무는 없다고 주장하며, 시간과 공간은 없는 것이라고 주장함으로써 운동을 부정했다.

# 06
## 원자론

원자론, 기계론자들이라고 불리는 일군의 철학자들이 등장한다. 이들은 우주의 근본물질을 한 가지로 가정했던 이전의 철학자들과 달리 네 가지 근본물질을 생각했다. 이 근본물질을 더 이상 쪼갤 수 없는 것이라는 의미에서 원자atom라고 불렀다. 엠페도클레스와 아낙사고라스, 레우키포스, 데모크리토스 등의 일군의 학자들을 원자론자 혹은 다원론 학파라고 부른다. 원자론자들의 생각을 이해하는 것

**레우키포스**

레우키포스(Leucippos, 기원전 440년경~?)는 원자라는 말을 최초로 사용한 사람이다. 그는 원자는 미세하고 그 수는 무한하다고 주장했다. 레우키포스는 밀레토스 출신으로 파르메니데스와 제논에게 영향을 받았다.

이 목적이기에 여기서는 엠페도클레스와 데모크리토스를 중심으로 살펴보고자 한다.

원자론자들의 사유를 이렇게 비유적으로 말해보자. 손에 도끼를 들고 앞에 있는 통나무를 쪼갠다. 그 쪼개기를 더 이상 할 수 없을 때까지, 다시 말해 끝[termin]까지 계속해보자. 그러면 통나무를 더 이상 쪼갤 수 없는 상태가 될 것이다. 이처럼 끝에 도달하여 더 이상 쪼갤 수 없는 상태를 원자atom라고 한다.

학기말에 내는 보고서를 텀-페이퍼term-paper라고 하거나, 고향집에 가기 위해 강남 고속버스 터미널terminal에서 버스를 타고 고향의 버스 터미널에 간다는 것에서 알 수 있듯이, 텀term이라는 말은 시간적으로나 공간적으로 끝을 의미한다. 쪼개기를 계속해서 더 이상 쪼

### 아낙사고라스

아낙사고라스(Anaxagoras, 기원전 500년경~428년경)는 소아시아의 스미르나 부근의 클라조메나 출신이다. 그는 아테네로 이주해간 최초의 철학자로, 아테네에서 페리클레스와 친분을 유지했는데, 페리클레스의 정적에 의해 무신론자로 추방당해 소아시아에서 죽었다.

갤 수 없는 것은 이제 더 이상 끝이 없는 상태를 뜻한다. atom이라는 말은 부정접두어 a와 끝을 의미하는 termin의 결합으로 만들어진 말이다. 이처럼 더 이상 쪼갤 수 없는 물질의 최소 단위를 원자atom라고 불렀다.

## 엠페도클레스

원자론을 연 인물은 엠페도클레스Empedocles, 기원전 492~432이다. 엠페도클레스는 이탈리아 시칠리아 섬 출신이다. 그는 밀레토스학파가 한 가지 근본물질을 주장한 것에 비해 네 가지 근본물질을 제시한다. 바로 물, 불, 공기, 흙이다. 그는 이 네 가지 물질이 섞이고 흩어짐으로써 존재하는 모든 것들을 생성한다고 주장했다.

이 네 가지 물질은 질적으로 궁극적인 것이다. 따라서 이 네 가지 물질은 생성되지도 소멸되지도 않는다. 다른 물질과 새로이 결합하거나 분리할 뿐이다. 이런 사유에 따르면, 생성과 소멸은 장소가 변하는 것일 뿐이다. 또한 이 네 가지 물질은 그 성질이 존재자를 구성하는 최소 단위의 물질이 된다. 물질의 단위에서 최소의 단위는 원자이다.

**엠페도클레스** – 토머스 스탠리의 ≪철학의 역사≫에서

### 엠페도클레스

엠페도클레스(Empedocles, 기원전 492~432)는 시칠리아 섬에서 태어났다. 그는 사제였으며, 병을 고치는 의사이자 수학자이면서 철학자라고 한다. 전하는 말에 따르면, 시칠리아 섬의 에트나 화산에 투신했다고 전해지기도 하며, 하늘로 승천했다고 전해지기도 한다.

사물의 생성과 소멸은 사랑과 미움(투쟁) 혹은 인력과 척력으로 설명한다. 생성은 이 원소들이 사랑에 의해 결합한 결과이고, 소멸은 이 원소들의 미움의 결과이다. 엠페도클레스는 사랑과 미움으로 네 가지 근본물질이 끊임없이 결합과 분리의 과정을 겪는다고 한다. 그는 '서로 뒤바뀌면서', '차례가 바뀌면서', '시간이 바뀌면서' 이러한 결합과 분리의 과정을 겪는다고 본다. 이러한 생성과 소멸, 결합과 분리는 최초의 시기에는 공 모양으로 둥근 시기로, 사랑만 지배하고 모든 것이 하나인 상태였다고 한다. 이 시기를 지나면 투쟁이 끼어들어 통일성은 깨어지고 원자들은 분리되고 다양성이 더 늘어나게 된다. 이 시기에는 여러 세계가 생겨나며, 우리는 이 시기에 살고 있다고 본다. 투쟁이 승리한 시기가 되면 통일이 전혀 없는, 서로 다른 것들만 있는 상태가 된다. 그러나 그 상태가 계속 유지되는 것은 아니다. 사랑이 다시 끼어들어 다시 통일과 조화만 있는 공 모양의 세계가 된다는 것이다.

원자들의 사랑과 미움, 인력과 척력에 의한 생성과 소멸에 대한 엠페도클레스의 설명은 우주 발생론으로 이해할 수도 있다. 원자들의 사랑과 미움, 인력과 척력에 의해서 이 세계가 생성에서 소멸로, 소멸에서 다시 생성으로 이어지기 때문이다. 세계는 소용돌이를 통해 형성되면서 사랑이 개입해 원자들을 끌어모아 공 모양의 하나인 상태가 되었다가, 투쟁이 개입하면서 소용돌이 속에서 원자들은 서로 뒤바뀌거나 차례가 바뀌거나 시간이 바뀌면서 하늘과 공기, 땅과 같은 것이 생성된다는 것이다. 그러면서 최초의 생명들이 생겨 났다고 본다. 요컨대 이 세계의 형성과 소멸을 사랑과 미움으로 설명한 것이다.

## 데모크리토스

다음으로 만나는 원자론자는 데모크리토스Democritos, 기원전 460경~370경이다. 그는 원자atom라고 불리는 궁극적인 물질을 생각해냈다. 그가 말하는 원자는 분할할 수 없으며, 그 자체로 꽉 차 있는 것이어서 다른 것으로부터 영향을 받지 않으며, 그 자체 허공을 갖지 않는 것이다. 또 원자는 그 수가 무한하고 무게가 있으며 영원하며 파괴할 수도 없는 것이다.

원자는 모양이 둥근 것, 다각형이나 계단형인 것, 꺽쇠 모양인 것 등으로 다양하며 서로 다르게 배열될 수 있고 서로 위치를 선택할 수도 있다. 따라서 원자들의 양적 차이와 모양에 의해 사물은 차이를 발생한다. 결국 각 사물들의 차이는 원자가 본래 갖고 있는 성질들과 결합에 의해 생겨난다. 각 원자들은 형태와 모양에서, 크기에서 차이가 있기에 이들 원자들의 결합에 어떤 원자와 결합하며, 어떻게

**데모크리토스** – 토머스 스탠리의 ≪철학의 역사≫에서

### 데모크리토스

데모크리토스(Democritos, 기원전 460경~370경)는 레우키포스의 원자론적 자연철학에 윤리의 문제를 결합했다. 그는 우리의 영혼은 원자로 이루어져 있고, 감각기관 역시 원자로 이루어져 있다고 보았다. 데모크리토스는 소크라테스와 동시대 인물이다.

배열되며, 어떻게 위치하느냐에 따라 각기 다른 사물들의 형태와 모양, 성질이 나타난다고 본 것이다. 이렇게 보면 현대 원자이론과 매우 비슷한 사유가 된다.

데모크리토스는 이 원자들이 어떤 힘에 의해 영원히 운동한다고 말한다. 데모크리토스도 엠페도클레스와 마찬가지로 회전하는 소용돌이에 의해 원자들이 서로 결합하고 분리해서 현재의 만물이 되었다고 보았다. 그는 운동은 저절로 일어나며, 이 회전하는 소용돌이의 운동에서 다양한 모양의 원자들이 위치를 선택하여 배열되고, 그 위치와 배열에 따라 다양한 존재자들 사이에서 차이가 발생한다고 보았다.

하지만 데모크리토스는 이 원자를 단순히 물질로만 보지 않았다. 그의 논리에 따르면, 인간도 원자들의 결합으로 이루어졌기 때문에, 정신의 작용이나 감각 역시 원자의 작용과 밀접한 관계를 갖는다. 우리가 정신적 사유 활동을 하거나 감각 작용을 하는 것은 원자들의 작용에 말미암은 것이다.

우리의 혀가 특정한 맛을 느끼는 부위가 각기 다르듯이, 우리 몸의 감각을 하게 하는 원자들과 감각의 대상들의 원자가 서로 접촉해서, 즉 원자와 원자들이 만나서 감각을 이루게 한다고 본다.

정신적 활동 역시 밖에서 들어오는 상像들이 우리의 감각 기관들의 감각 원자들에 부딪혀서 인식을 하는 것으로 보았다. 이렇게 보면, 데모크리토스에게는 정신의 독자성과 그 독자적 활동은 부정된다.

외부로부터 상이 들어와야 하고, 이 상을 정신의 원자들이 감지해야만 정신적 활동이 이루어지기 때문이다.

## 공간 부정논리를 극복한 원자론

원자론자들은 왜 이러한 사유를 했을까? 이들의 사유를 이해하기 위해서는 엘레아학파의 사유를 전제해야 한다. 원자론자들에게 주어진 문제는 엘레아학파에 제기된 문제를 풀어야 한다는 것이었다. 즉 그들은 공간과 시간의 부정과 그로부터 전개되는 운동과 변화를 설명할 수 없는 논리, 일자-者로서의 '있음'과 현실에서의 다양하게 존재하는 다자多者 문제를 해결해야 했다.

엘레아학파의 논리에 따르면, 공간과 시간이 부정되기에 운동과 변화도 없게 된다. 그리고 무가 없는 유만의 논리가 도출되면서, 유 개념으로서 '있음', 즉 일자-者만 있게 된다. 하지만 현실적으로 시간과 공간이 존재하고 운동과 소멸도 일어난다. 또한 유개념으로서 일자인 '있음'만이 있는 것이 아니라 다양한 존재자들도 있다.

이러한 문제에서 원자론자들은 엘레아학파의 공간 부정 논리를 극복하여 운동과 변화를 해결하려 했다. 또한 공간과 시간을 존재하는 것으로 회복하는 것이 일一과 다多의 문제와 운동과 변화, 생성과 소멸의 문제를 해결하는 논리임을 알았다. 원자론자들이 이 문제들을 해결하는 방법은 다양한 원자들을 제시하면서 공간을 부활시키는 것이었다.

데모크리토스는 원자가 무질서한 혼돈의 공간에 흩어져 있다고 말한다. 무질서한 혼돈의 공간이 있고 그 공간에 원자가 무질서하게 흩어져 있다는 말이다. 이는 이 세계의 최초 상태인 무질서의 세계에 공간과 원자만 존재했다는 말이 된다. 만약 원자가 하나의 모양이고, 하나의 크기이며, 하나의 성질만 갖는 것이라면, 굳이 공간을 말할 필요가 없다. 그런데 데모크리토스는 다양한 모양과 다양한 형태의 원자가 있으며, 그 원자들이 혼돈의 공간에 무질서하게 흩어져 있다고 했다. 이는 공간을 인정한 것이 된다.

우선 원자가 다양한 모양과 형태를 갖는다는 것은 원자 a와 원자 b가 서로 다른 것임을 인정하는 것이고, 이는 원자 a와 원자 b 사이에 틈(공간)이 존재할 수밖에 없다는 것을 의미한다. 다양한 모양과 형태의 원자들을 인정한 이상, 원자들 사이의 틈은 당연하게 인정될 수밖에 없는 것이다. 그래서 데모크리토스가 무질서한 혼돈의 공간에 원자가 무질서하게 흩어졌다고 한 말은, 이 세계의 최초는 공간과 원자만이 있었다는 말로 이해할 수 있다. 이 틈을 두고서 데모크리토스는 '이것은 무無 이외에 아무것도 아니다'라고 말한다. 그러면서 이 무는 원자들이 결합하여 이룬 물체에도 있고, 물체의 밖에도 있다고 한다. 틈(공간)을 무라고 인정한 것은 파르메데스가 공간은 없다고 주장한 것을 뒤집은 것이다.

데모크리토스는 원자론을 제기하면서 공간을 되살려냈다. 면과 면의 결합으로 이루어진 공간에서 회전하는 소용돌이가 저절로 일어나고, 이 회전 소용돌이에 의해 원자들이 결합하고 분해한다고 주장했다. 이 주장은 생각해볼 만한 점이 있다. 바로 시간이다. 공간에서 소용돌이가 일어나고 원자들이 결합하거나 분해한다면, 이는 변화와 운동이 일어난다는 의미이다. 변화와 운동은 시간을 전제한다. 따라서 데모크리토스의 주장은 시간을 상정한 것이다.

이렇게 공간과 시간을 되살릴 논리로 원자와 공간을 상정한 것은 엘레아학파의 논리를 극복하고자 한 사유라고 볼 수 있다. 공간을 상정함으로써 변화와 운동을 설명할 수 있게 되었고, 원자를 상정함으로써 다양한 원자들의 결합과 분해로 일자─多론도 극복할 수 있었다. 원자론자들에 대한 아리스토텔레스의 평가에서도 보듯이, 원자론자들의 철학은 엘레아학파의 공간 부정에 대한 극복의 논리이다.

원자론자들은 자연철학자들의 사유를 종합하면서 대안을 제시하려 한 것으로 볼 수 있다. 원자론자들이 제시한 근본물질이라는 개념의 네 원자들은 밀레토스학파에 의해 제기된 근본물질들의 요소를 수용하면서 발전한 것이다. 또한 이 세계가 혼돈의 상태에서 저절로 운동을 하면서 어느 시점에는 사랑이 개입해 하나인 상태로

레우키포스

있다가, 미움이 개입해 다양한 존재자들로 분리되어 이 세계가 구성되어 있다고 한다.

　레우키포스는 이러한 세계의 변화와 운동은 우연적으로 이루어지는 것이 아니라 필연적이라고 본다. 그는 자연이란 하나밖에 없는 원인과 결과의 연쇄라고 주장한다. 레우키포스가 주장하는 자연의 원인과 결과 연쇄는 자연에는 조화를 이루는 원리나 구조가 있다는 것으로 이해할 수 있다. 세계의 변화와 운동이 필연적이라는 생각은 그 변화와 운동에는 어떤 원리나 구조가 전제되어 있다는 의미이기 때문이다. 레우키포스의 사유에서 피타고라스학파의 사유를 만날 수 있다. 피타고라스학파가 우주가 수학적 구조를 갖는다고 할 때, 이 구조에 따라 현실계의 변화와 운동이 일어나게 될 것이기 때문이다.

또한 원자론의 사유는 헤라클레이토스의 운동의 논리도 수용하면서, 엘레아학파의 운동을 부정하는 논리를 극복하려고 시도한다. 이렇게 보면, 원자론자들은 자신들 이전의 자연철학자들의 논리를 모두 수용하면서 발전적으로 철학적 사유를 전개했다고 평가할 수 있다.

하지만 원자론자들의 철학을 평가할 때 가장 의의를 두어야 할 것은 그들의 사유에서 신화적 요소가 완전히 배제되었다는 것이다. 피타고라스학파는 테트라크티스Tetractys를 이루는 숫자들에 신성을 부여하였고, 특히 숫자 1을 신적인 것으로 이해했다. 헤라클레이토스 역시 사제로서 신의 말을 전하는 논리를 포기하지 않았다. 그러나 원자론자들은 신화적 설명을 배제하고 자연의 자연적인 힘에 의해 원자들의 결합으로 변화와 운동을 설명하고, 그 자연의 변화와 운동에 원인과 결과라는 연쇄의 법칙이 있다는 사유를 해냈다는 점에서 원자론자들의 철학은 신화와 완전한 결별을 의미한다고 보아야 한다.

지금까지 거칠게 자연철학자들의 생각을 정리했다. 자연철학자들의 사유와 그 특징들을 이해해야 소크라테스와 플라톤의 생각을 이해할 수 있기에 거칠게나마 정리를 한 것이다. 이제 소크라테스 당시를 전후하여 아테네의 정치, 사회, 문화적인 요소들을 정리해보자.

# 07

## 페르시아 전쟁과 아테네의 번영

## 페르시아 전쟁에서 승리

　헤로도토스Herodotos, 기원전 484?~425?의 저서 ≪역사≫는 페르시아 제국의 형성 과정과 그리스를 침공하게 된 이유, 그리고 전쟁의 과정을 담고 있다. 페르시아와 그리스의 갈등은 기원전 494년에 이오니아의 밀레토스 지역에서 일어난 반란을 아테네가 지원하면서 시작되었다. 이오니아 지역은 기원전 1000년경부터 그리스인들이 모여 살았으나, 기원전 560년경에 페르시아의 영토로 편입되었다. 그래서 페르시아가 벌이는 전쟁마다 이오니아에 거주하는 그리스인들이 동원되었으나, 전쟁에 동원된 그리스인들에게 월급을 제대로 주지도 않았다. 이러한 불만을 이용해 밀레토스 총독 아리스타고라스

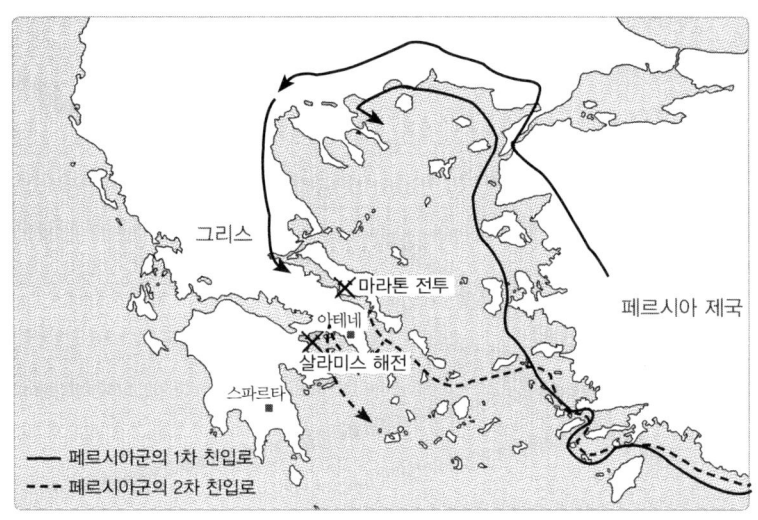

**페르시아 전쟁**

Aristagoras는 민중들을 충동해 페르시아 수비대를 몰살시키는 반란을 일으켰다. 반란은 걷잡을 수 없이 확산되었다. 아테네는 1000명이 무장 보병을 보내 반란군을 도왔다.

페르시아의 다리우세Darius 1세가 이 반란을 평정하고, 아테네가 반란을 지원한 것을 빌미로 아테네를 침공했다. 페르시아는 기원전 492년에 해상으로 함대를 출항시켰지만 폭풍우를 만나 아토스 곶 근처에서 퇴각할 수밖에 없었다.

2년 후, 페르시아 다리우스 1세는 다시 전쟁을 일으켜 두 갈래로 군대를 파병하였다. 하나는 육로를 통해 애레트리아를 향하여 진군

하면서 아테네의 땅을 점령하고, 다른 한 갈래는 아티카의 동쪽 해안인 마라톤에 상륙하여 공격했다. 이때 페르시아 군에는 20여 년 전에 아테네에서 추방당해 복수심에 불타는 페이시스트라토스의 아들인 히피아스가 있었다. 그는 아테네를 굴복시키면 참주가 될 예정이었다. 그러나 마라톤 전투에서 플라타이아의 1000명의 원군의 도움을 받은 아테네에게 대패를 하고 철군을 하였다. 페르시아는 다시 그리스를 공격할 생각이 간절했으나, 이집트의 반란과 다리우스 왕의 죽음으로 다시 공격할 여유를 갖지 못했다. 이것이 1차 페르시아 전쟁이다.

승전의 기쁨과 동시에 아테네에 엄청난 행운이 찾아왔다. 아테네 북쪽의 수니온 근처 광산에서 엄청난 양의 은이 발견되었다. 대다수

**마라톤전투 상상도** – 칼 로버느, 1895

의 아테네 시민들은 여기에서 발견된 은을 공공시설을 만드는 재원으로 쓰거나 시민들에게 일정 금액으로 배당해야 한다고 주장했다. 하지만 테미스토클레스Themistocles는 그 은으로 페르시아의 공격을 대비하고 나아가 지중해의 해상 무역을 장악하기 위해서는 해군력 증강의 밑거름이 되는 전함을 만들어야 한다고 설득했다. 테미스토클레스의 주장이 관철이 되어 아테네의 함선이 때맞춰 건조되어 가던 시기인 기원전 480년에 페르시아는 제2차 전쟁을 일으켰다.

1차 전쟁과는 달리 이번에는 육상을 통해 대규모 병력이 쳐들어왔다. 페르시아 다리우스 1세가 죽고 그의 아들인 크세르크세스 왕이 60만 대군을 이끌었다. 스파르타와 아테네가 손을 잡은 그리스 연합군이 페르시아의 군대를 맞섰다. 그 첫 번째 전투가 테르모필레 전투인데, 스파르타의 왕 레오니다스와 300명의 전사가 한 치의 물러섬도 없이 3일간 버텨냈다. 사실 스파르타 군에게는 후퇴나 항복이라는 단어가 존재하지 않았다. 스파르타가 페르시아 군에 맞서 항전하는 동안에 테미스토클레스는 아테네 주민들을 모두 피신시켰다.

스파르타가 이 전투에서 패한 이후 그리스 대부분의 지역은 페르시아에게 점령을 당한다. 게다가 페르시아에 항복한 그리스인들마저 적군이 된 절체절명인 상황에 다다랐다. 중요한 결정을 해야 할 시점이 되었을 때 델피 신전에 신탁을 청했다. 그때 델피 신전에서 나온 신탁은 이랬다. "세계의 끝까지 도망칠 수 있는 만큼 도망쳐라. 오직 나무에만 의지할지니."

모든 그리스인들이 이 신탁에 낙담할 때 테미스토클레스만은 긍정적으로 바라보았다. 테미스토클레스는 육지에서 페르시아의 강력한 육군은 이기기 어렵지만, 그동안 준비한 군함을 활용한 해전에서는 승산이 있다고 확신했다. 그래서 아크로폴리스를 페르시아에 넘겨주고 모든 재산과 노약자들을 살라미스 섬으로 피신시키고 살라미스 해전을 준비했다. 테미스토클레스는 아테네의 전함보다 상대적으로 크고 육중한 페르시아 전함을 살라미스 해협에서 협공할 계획을 세우고, 페르시아 함대를 살라미스 해협으로 유도할 전략을 짰다. 페르시아의 크세르크세스왕은 아르테미시아 장군의 반대에도 불구하고 살라미스 해전에 뛰어든다. 마침내 살라미스 해협에서 육중한 페르시아 함대는 아테네의 삼단노선(트리에레스) 협공을 받아 4분의 3

**살라미스 해전** – 빌헬름 폰 카울바하, 1868

이 침몰했다. 이로써 아테네는 2차 페르시아 전쟁도 승리로 끝낼 수 있었다.

페르시아와의 전쟁에서 거둔 승리는 아테네 시민들에게 엄청난 자부심을 갖게 해주었다. 아크로폴리스의 신전이 파괴되고 집들이 불타는 광경을 바라볼 수밖에 없는 고통을 겪었지만, 마지막에는 외세를 물리치시고 스스로의 힘으로 그리스를 지켜낸 때문이다. 그것도 우연한 행운에 의한 것이 아니라 참고 견디고 절제하며 현명한 판단으로 마침내 전쟁에서 승리했기 때문에 자부심은 극에 달했다.

페르시아 전쟁에서 승리한 해군력을 바탕으로 아테네는 지중해를 장악하게 되고, 아테네는 지중해의 중심 도시가 되었다. 이오니아도 아테네 해군의 보호를 받으며 독립된 도시국가가 되었다. 아테네는 막강한 해군력을 바탕으로 지중해의 상권과 무역을 빠르게 장악하고, 기술력과 미적 감각을 가진 아테네 시민에 의해 산업도 융성해졌다. 그리스 연합국의 한 축이었던 스파르타는 페르시아 전쟁에서 승리한 후, 지중해의 패권에 대해서는 별 관심을 가지지 않았다. 스파르타 군은 펠로폰네소스 반도의 산악지형에 적합한 육군 중심의 군대였기 때문이다. 스파르타는 해상 방위를 아테네에게 맡기고, 늘상 국내 불안한 요소였던 헤일로타이를 더 잘 관리하기를 원했다.

## 델로스 동맹의 결성과 아테네의 번영

2차 페르시아 전쟁이 끝나고 2년이 지난 후, 아테네는 그리스의 폴리스들과 해상 동맹을 결성한다. 동맹의 본부는 신성한 올림포스 신전이 있는 델로스 섬에 두었다. 해상 동맹에 참여하는 조건은 각 폴리스마다 배 1척을 부담하거나 그에 해당하는 돈을 납부하는 것이었는데, 소규모 폴리스들은 대부분 돈으로 부담했다.

페르시아의 침략을 방지하기 위한 아테네의 활동은 계속되었지만,

델로스 동맹에 돈을 납부하는 것에 대한 불만은 쌓여갔다. 페르시아가 전쟁을 할 기미는 보이지 않고, 자신의 폴리스에서 지급한 돈은 아테네의 해군력을 강화하는 역할밖에 하지 않는 것으로 보였기 때문이다. 나중에는 페리클레스Perikles가 동맹 기금을 안전하게 보관한다는 명목으로 델로스 동맹의 본부를 아테네로 옮기고, 페르시아와의 전쟁 때 아크로폴리스가 파괴되었다는 이유로 델로스 동맹의 기금 일부를 아크로폴리스 재건의 비용으로 사용하자, 동맹 폴리스들의 불만은 더욱 커져갔다.

페르시아 전쟁에서 승리한 이후, 아테네는 정치, 경제, 문화, 학문의 중심지가 되었다. 이 시기에 걸출한 인물들도 배출되었는데, 정치적으로는 아테네의 민주정치를 완성하고 지중해의 패권을 차지한 페리클레스기원전 495?~429가 있었고, 당시 문화의 중심 장르였던 연극 분야에서는 극작가 아이스킬로스Aeschylos, 소포클레스Sophocles, 기원전 495~406가 있었으며, 역사학에는 헤로도토스Herodotos와 투키디데스Thukidides, 의학에는 히포크라테스Hippokrates, 철학에는 소크라테스 등이 있었다.

페리클레스는 기원전 461년부터 429년까지 32년간을 아테네의 민회를 지배한 최고의 지도자였다. 페리클레스는 당시 귀족 중심의 족벌정치를 끝내고 시민들의 투표로 정책을 결정하는 민주정치의 기초를 수립했다. 솔론에 의해 배심원 제도가 도입되었는데, 페리클레스는 재판에 참여하는 배심원들에 수당을 지급하는 법률을 제안하고, 시민들 중에 빈곤층에 속하는 사람들에게는 무료로 공연을 볼 수 있게 했다. 또 페르시아 전쟁 때에 파괴된 파르테논 신전을 비롯한 많은 신전과 법원 건물 등 뛰어난 건물들을 건축하였다.

정치적으로 안정되고 경제적인 풍요와 더불어 문화적인 환경이 조성이 되자 뛰어난 학자와 사상가들이 아테네로 몰려들었다. 페리클레스 자신이 이방인 철학자인 아낙사고라스와 제논과 교류하기도 했다. 페리클레스는 다양한 사상가들과 교류를 통한 아테네의 민주정치체재를 완성했다.

**헤로도토스와 투키디데스(왼쪽), 히포크라테스(오른쪽)**
- 요한 제이콥 호너, 1840

# 08

## 아테네의 정치상황

　소크라테스를 비롯한 플라톤, 아리스토텔레스 철학의 배경이 되는 아테네의 정치상황을 살펴보자. 소크라테스를 비롯한 아테네 철학자들은 아테네의 독특한 정치체제인 민중지배Demos · Cracy라는 정치 체제에서 자신들의 철학을 발전시켰다.

　아테네의 철학자들인 소크라테스와 플라톤은 민주주의에 대한 부정적 시각을 견지하고 당시 정치에 대해 비판한다. 따라서 이 비판의 대상인 아테네 민주주의가 어떻게 탄생하였고, 민주주의가 이들 철학자에게 어떠한 영향을 미쳤는지 살펴볼 필요가 있다. 아테네의 정치상황을 이해하기 위해서 살펴보아야 할 가장 중요한 인물은 솔론과 클레이스테네스이다. 이들의 정책과 민주주의 탄생의 과정을 살펴보자.

## 솔론의 등장

솔론Solon, 기원전 630~560?이 활동하던 기원전 7세기에 아테네는 위기를 맞고 있었다. 이 시기 아테네 시민들의 삶은 고단했다. 아테네 지형은 산지가 많고 농토가 적었으며 토질이 척박했다. 이러한 자연 조건에서 그나마 있는 농토는 귀족과 부자들의 소유였다. 부자와 귀족들은 토지의 대부분을 소유하였고, 가난한 민중들은 그들의 토지를 임대해 경작했다. 하지만 임대한 토지의 지대를 납부하지 못해 누

08. 아테네의 정치상황

적되면 될수록 그 지대는 그대로 부채가 되었고, 부채를 갚지 못해 누적이 되면 농노나 노예가 되어야 했다. 척박한 농지에다 수확물도 많지 않은 상태에서 민중들은 극심한 부채를 지거나 노예의 상태에 놓이게 되었다.

### 솔론

솔론(Solon, 기원전 630~560?)은 왕족 출신이지만, 그의 아버지가 다른 사람들에게 호의를 베풀어 재산을 다 나누어주는 바람에 가난하게 자랐다고 한다. 아버지 영향으로 정의감을 가지게 된 그는 장사를 해서 큰 부자가 되었다. 기원전 6세기에 아테네는 빈부격차가 극심하고, 부자와 가난한 사람들간의 내전이 발발할 조짐이 들자, 아테네는 조정자로 솔론을 지정하고 그에게 아테네의 정치, 경제, 사회 전반에 대한 개혁을 맡겼다. 귀족 출신에다 가난한 사람의 입장을 이해한 솔론이 선택된 것이다.

그는 부자들의 횡포에 가담하지도 않았고 빈곤도 경험했으며, 어느 정도 재산을 가진 상태였다. 귀족과 가난한 사람들은 각자 자신들의 입장을 모두 이해할 것이라는 기대했다. 부자들은 솔론이 부자인 것을 보고, 자신들의 입장에 서줄 것으로 알았고, 가난한 사람들은 솔론이 가난을 경험한터에다 정의감이 있는 사람으로 여겨 토지를 재분배해 주리라고 믿었다. 솔론이 아테네에서 얻은 평가들이 그를 아르콘의 자리에 앉게 한 것이다.

화폐가 통용되기 시작하면서 아테네 상황은 더욱 악화되었다. 귀족과 부자들이 비싼 이자를 받고 가난한 민중들에게 돈을 빌려주자, 돈을 갚지 못해 땅을 팔고 소작농으로 전락하는 자작농들이 생겨났다. 더 가난한 사람들은 자식을 팔거나 자신의 몸을 저당 잡히는 경우도 허다했다. 이런 상황에서 노예로 전락하는 민중은 더욱 늘 수밖에 없었다.

기원전 7세기에는 귀족이 아닌 아테네 시민 거의 전부가 노예로 전락할 위기에 처해 있었다. 한편으로는 정치는 부자와 귀족들에 의해 독점되면서 민중과 부자와 귀족간의 대립은 극한 상황으로 치달았다. 민중과 부자와 귀족간의 대립과 반목이 지속되면서 혼란은 극에 다다르고 폭동이 일어나기 직전의 상황이 되었다.

애초에 폴리스는 자기방어를 위해 형성된 도시국가였고, 시민들은 스스로 무장하고 전투할 수 있는 사람들이었다. 아테네 시민들은 무장할 권리와 의미가 부여되어 있었다. 이 당시 노예로 전락했거나 전락할 상황에 놓인 시민들이 무장을 시도했고, 상인들은 물자와 자금을 제공하면서 협력할 태세였다. 실제로 농민과 상인, 도공들의 연대가 맺어지고 있었다. 절대적으로 수가 적은 귀족들은 한 번에 모든 것을 잃을 위기에 처한 것이다.

아테네는 혁명의 전야와 같은 긴장감에 휩싸여 있었다. 내전을 피하기 위해 귀족과 평민 사이의 타협을 주관할 조정자가 필요했다. 그렇게 해서 뽑힌 사람이 솔론이었다.

## 아테네 '금권정치'를 고안한 솔론

　비상 아르콘archon, 집정관으로 선출된 솔론은 이러한 위기 상황을 타개해야 했다. 역사학에서는 솔론에 대해 아테네의 민주주의 탄생의 기초를 놓은 사람으로 평가한다.

　민중과 부자 귀족 간의 대립과 반목을 해결하라는 소임을 안고 아르콘으로 추대된 솔론은 절대 권력인 비상 대권을 부여받았다. 솔론은 아테네가 정의롭지 못한 것은 제도 때문이 아니라 인간의 탐욕과 불의에 기인한다고 보았다. 그도 그럴 것이 부자들은 자신의 신분과 공로에 따라 합당한 몫을 주장했고, 가난한 자들은 모든 것을 똑같이 나누어 갖기를 원했다. 다시 말해 정의justice에 대한 정의definition가 신분과 재산 정도에 따라 달랐던 것이다. 이러한 상황에서 솔론은 중용을 지키는 방식으로 일들을 처리해 나갔다. 그는 부자와 권력자들의 요구에 호응하지도 않았으며, 자신을 뽑아준 가난한 사람들의 비위를 맞추는 법을 제정하지도 않았다. 모든 일을 중용의 입장에서 공평하게 처리하려고 노력했다.

　비상시국을 해결하기 위해 솔론이 펼친 정책의 큰 골자는 부채로 인해 농노나 노예가 된 민중들을 해방하면서 귀족과 부자 세력을 제어하는 것이었다. 그 구체적인 내용으로는, 첫째, 부채를 탕감했다. 둘째, 부채로 인해 노예로 전락한 시민들을 노예 상태에서 해방시켰다. 셋째, 재산 소유에 따라 시민을 계층화했다. 넷째, 재산의 소유 정도에 따른 공직 참여 확대와 모든 시민의 정치 참여 기회를 열어주었다. 다섯째, 재판에서 시민들이 참여하는 배심원 제도를 도입했다.

솔론이 취한 첫째와 둘째 정책은 빚 때문에 노예로 전락한 농민들에게 자유를 찾아주는 것이었다. 귀족들에게 저당 잡힌 땅을 농민에게 돌려주고, 농노들의 부채를 탕감했다. 노예의 신분으로 외국에 팔려 간 시민들에게 돈을 대신 내주어 자유인으로 만들고 본국으로 귀국시켰다. 그가 이러한 정책을 집행할 수 있었던 것은, 부자들이 빚을 받지 못한다거나 탈취한 토지를 돌려준다고 해도 그들이 입을 타격은 크지 않다는 판단 때문이었다. 이러한 정책을 펼치면서 솔론은 동시에 빚 때문에 사람의 몸이 구속되는 것을 막는 법을 만들었다.

농민들이 노예 신분으로 전락하는 것을 막은 다음으로 취한 정책은 금권정치plutocracy이다. 지금까지 모든 공직은 부유한 귀족층이 담당했는데, 이를 제한적이지만 다른 계층에게 열어준 것이었다. 기존의 공직자들은 귀족 가문 출신의 시민들 모임인 아레이오파고스Areopagos, 매년 선출되는 9명의 아르콘과 이전에 아르콘을 지낸 귀족들로 구성된 조직에서 선출하였다. 그런데 솔론은 재산의 정도에 따라 공직을 수행할 수 있는 길을 열어준 것이다.

솔론은 모든 시민들의 재산을 조사하여 재산 정도에 따라 시민을 네 계급으로 재편성했다. 이때 기준으로 삼은 것은 1년치의 수입이었다. 수입을 계산하는 단위는 메딤노이Medimnoi, 메딤노스라고도 한다라고 한다. 재산의 소유 정도로 계급을 재편하면서 최상위 계급인 1계급을 500메딤노이로 삼고, 2계급을 300메딤노이, 3계급을 200메딤노이, 4계급을 200메딤노이 이하의 재산으로 나누었다. 그리고 1계급에서 3계급만이 공직에 진출할 수 있게 하였다. 4계급은 공직에는 진출할 수 없지만, 민회에 참석할 자격과 재판에서 배심원으로 참여할 자격을 부여하였다.

솔론이 재산에 따라 계급을 나눈 것은 혈통을 중시하여 귀족만이 공직에 참여하도록 제한한 제도를 바꾸어 재산에 따라 공직 참여 자격을 열어주고자 한 것이다. 이러한 정책 때문에 새로 등장한 부유한 상인들도 최고의 공직에 오를 수 있게 되었다. 물론 이러한 계급에

| | 재산에 따른 계급 | 공직 진출 자격 |
|---|---|---|
| 1계급 | 펜타코시메딤노이(pentakosimedimnoi)<br>500메딤노이 | 공직 진출 자격 있음 |
| 2계급 | 힙페이스(hippeis)<br>300메딤노이 | 공직 진출 자격 있음 |
| 3계급 | 제우기타이(zeuqitai)<br>200메딤노이 | 공직 진출 자격 있음 |
| 4계급 | 테테스(thetes)<br>200메딤노이 이하 | 민회 참석 자격과<br>재판의 배심원 자격 있음 |

\* 당시 5인 가족의 1년치 생활비가 25메딤노이 정도라고 한다.

따른 공직 참여는 그에 따른 책임도 따랐다. 공직에 참여할 수 있었던 1계급에서 3계급까지의 시민들은 권리를 누리는 만큼 세금이나 군역의 부담을 더 많이 지게 하였다. 4계급은 공직에 진출할 수는 없었지만, 세금을 전혀 내지 않아도 되었고 군역에서도 노를 젓는 일이나 보병 정도로 복무하기만 하면 되었다.

정치적으로는 모든 계급이 참여할 수 있는 제도를 만들었다. 그것은 민회와 400인회이다. 모든 시민들이 참여하여 폴리스의 일을 토의하고 결정하는 민회에는 신분과 경제력의 차이를 두지 않았다. 모든 시민들이 자유롭게 참여하여 동등하게 발언하고 투표할 수 있었다.

다른 한편으로는 부족원들이 중심이 된 400인회라는 조직을 만들어 이를 통해 하원 조직에 선출되게 하였다. 기존의 아테네에서 폴리스의 입법과 민회의 안건을 귀족들만으로 구성된 아레이오파고스에서 처리해 왔다. 솔론은 아레이오파고스의 하위 기관으로 부족들의 민회에서 선출된 400인회를 신설하고, 이 400인회에서 아레이오파고스에서 다룰 안건들을 준비하게 했다.

시민들의 정치 참여와 공직 참여를 일정하게 열어주는 정책을 취한 솔론은 다음으로 재판정을 개혁한다. 직업적인 법관들에 의한 재판을 만족하지 못하여 항소하는 사람들을 위해 시민 배심원 제도를 도입한 것이다. 이는 직업 재판관들이 부자와 귀족을 위한 판결을 내린 경우가 많았고, 이에 대해 시민들의 불만이 누적된 결과였다. 시민 배심원 제도를 도입하면서는 민사와 형사 재판의 대부분이 시민 배심원에 의한 재판으로 진행되었다. 물론 모든 시민은 배심원이 될 수 있었다. 상황이 이렇게 되자 재판에서 시민들은 자신들의 입장을 옹호하는 판결을 주로 내리게 되었고, 귀족과 부자들을 궁지에 몰아넣는 일이 비일비재했다.

솔론에 의해 배심원 제도가 확립되고 페리클레스에 의해 배심원들에게 수당이 지급된 이후, 배심원 제도는 계속해서 발전했다. 시민 배심원은 지원자 중에서 매년 6,000명 정도를 추첨으로 뽑았다. 이들은 배심원이라는 것을 증명하는 청동판 신분증을 받았다. 재판은 1년에 175일에서 225일 동안 열렸고, 하루에도 여러 재판정에서 소송들이 동시에 진행되기도 했다. 사건의 경중에 따라 배심원은 200명에서 2,500명이 동원되었다. 소크라테스의 재판은 배심원이 500명 동원되었다. 이는 소크라테스의 죄를 중범죄로 인식한 것임을 알게 한다. 시민의 관심을 끄는 재판의 경우는 연극 관람객보다 많은 수의 참관인들이 객석을 채우기도 했다.

재판소 앞에는 재판과 관련된 내용, 즉 범죄 내용과 기소 내용을 게시하였다. 하지만 배심원들은 자신이 어느 재판장에 가야 하는지를 미리 알지 못했다. 배심원들은 재판소 앞에서 붉은색이나 녹색 등으로 색깔이 칠해진 막대기를 뽑고, 추녀에 그 막대기와 같은 색깔이 칠해진 법정으로 가야 했다. 이는 재판에서 배심원들의 공정한 판결을 위한 것이었다. 재판을 받을 피기소인과의 친분을 최대한 배제하고자 고안된 방법이었다.

검찰과 변호사 제도가 없었기에 기소한 사람과 기소된 사람은 각자 스스로 기소문을 연설하거나 스스로를 변론했다. 200~2,000명의 참관인과 배심원 앞에서 기소한 사람이든 기소된 사람이든 스스로를 변론하는 일은 심적으로 매우 부담스러운 일이었다. 말이 지배하는 당시 아테네 상황을 생각하면 심적인 부담감이 얼마나 심했을지 짐작할 수 있다. 이러한 부담감을 해소하는 방법으로 소송 연설문을 대신 써주는 일군의 사람들이 생겨난다. 이들은 기소문이나 변론문을 써주면서 돈을 벌었다. 기원전 4세기가 되면, 소송 연설문을 전문적으로 써주는 집단이 나타나는데, 이들을 시네고레스synegores, '그와 말하는 사람'이라는 뜻라고 불렀다. 기소한 사람이든 기소된 사람이든 시네고레스가 써준 연설문을 외워 법정에 섰다.

소크라테스 당시에 가장 유명한 시네고레스는 뤼시아스Lysias였다. 뤼시아스는 아테네 시민이 아니라 외지인으로, 아테네에 거주하면서 소송 연설문을 대신 써주는 일로 이름을 날렸고, 상당한 부를 축적했다. 그는 아테네가 펠로폰네소스 전쟁이 끝나고 과두정치를 몰아내고 민주정을 회복하였을 때, 아테네 시민권을 획득하고 과두정 시기에 과두정파 인물인 에라토스테네스Eratosthenes에 의해 독살당한 형의 복수를 위해 에라토스테네스를 고발하고 법정에서 직접 연설을 했다. 다른 사람들을 위해 법정 연설문을 써주던 그가 아테네 시민이 되어 재판정에서 법정 연설을 한 것이다. 그의 이 법정 연설문은 아테네의 대표적인 법정 연설문으로 인정된다.

  기소자의 변론이 끝나면 토론 없이 배심원의 투표로 유무죄를 결정했다. 투표는 비밀 투표로 진행되었다. 배심원들은 사례비로 하루에 2~3오볼로스를 지급받았다. 이 금액은 생필품을 살 정도였다.

## 솔론의 개혁에 대한 평가

  솔론은 중립을 지키려는 입장에서 귀족인 부자들과 가난한 시민들의 어느 편에도 서지 않으려 했다. 그러면서 아테네의 계급갈등을 조정하려 여러 정책을 실시했다. 솔론의 정책은 기본적으로 귀족인 부자들의 사적 권력을 제한하고 공적인 권력체계를 수립하려 한 것으로 볼 수 있다. 귀족들에게 독점되던 권력을 시민들에게 나누어주면서, 귀족들의 권력을 제한하려 한 정책이었다.

  이러한 정책을 두고 귀족인 부자들은 자신들의 이익이 손해를 보았다고 생각했다. 재산상으로 겸병한 토지가 몰수되었고, 정치적으로 공직에서 자신들이 차지하던 자리를 일정정도 내주어야 했기 때문이다.

  반면에 가난한 4계급인 테테스는 원하던 토지를 얻을 수 없었다.

솔론은 저당 잡힌 토지만 돌려주었지, 토지개혁을 통한 토지 재분배 정책은 펼치지 않았다. 또한 금권정치를 본격적으로 시행하면서, 상위 계급들이 자신들의 이익을 추구하느라 4계급에 그 혜택이 돌아가지 않았기 때문이다. 결국 가난한 시민에게는 투표권만 주어진 셈이었다. 그러나 귀족인 부자들에 의해 독점되던 공직에 다른 계급도 참여할 수 있게 한 정책과 모든 계급들이 참여할 수 있었던 민회, 재판정에서 시민 배심원제도 등으로 아테네 시민들의 정치적 사회적 참여는 늘어날 수밖에 없었다.

이러한 점에서 역사학자들은 솔론을 핏줄에 뿌리를 둔 '귀족정치 aristocracy'를 끝내고 재산 정도에 따라 폴리스의 권력과 의무를 갖는 '금권정치plutocracy'를 고안한 사람이자, 아테네 민주주의를 탄생하게 한 계기를 만든 인물로 평가한다.

# 아테네 민주주의의 이념적 초석을 놓은 클레이스테네스

### 행정구역 개편

 솔론의 개혁 정책은 당시 아테네의 문제를 완전히 해결할 수 없었다. 아테네 시민들은 자신들의 계급에 기초해 이익을 추구했기에 계급간의 반목과 불화는 심화되었고, 계급적 이익을 같이 하는 사람들은 파당화를 이루었다. 이 파당화는 계층과 지역, 혈연 등에 뿌리를 두고 고착화되었고 사회적 불화를 심화시켰다. 산악지역과 해안지역, 농토지역의 시민들은 그들이 속한 지역적 기반을 바탕으로 파당화를 짓고 서로 반목했다. 또한 신흥지주로 떠오른 해안지역 세력과 토착지주 세력의 갈등도 심화되고 있었다.

 이때 산악지역 세력의 일원인 페이시스트라토스Peisistratos, 기원전 600?~527?가 아테네의 참주에 올라 솔론의 법을 엄격하게 집행하고 농업을 장려하였으며 신전을 짓는 등 아테네가 번영할 수 있는 토대 작업을 이룬다. 하지만 페이시스트라토스가 죽고, 그의 아들이 아테네를 다스리다가 쫓겨나고 아테네는 다시 혼란의 소용돌이에 빠져든다.

 이런 혼란 상황에서 클레이스테네스Cleisthenes, 기원전 570~508가 행정관으로 등장해 개혁을 단행한다. 클레이스테네스의 개혁에서 핵심

**클레이스테네스**

은 행정구역 개편이었다. 기존의 행정구역phratria은 혈연과 지연에 기반한 4개 부족이 중심이었다. 솔론 시대에는 4개 부족에서 각각 100명씩 뽑아 400인회를 구성했는데, 이 4개의 부족이 혈연과 지연에 의해 똘똘 뭉친 행정구역을 이루면서 파당화를 심화시켰던 것이다.

클레이스테네스는 우선 400인회를 500인회로 대체하면서, 500인회를 구성하기 위해 행정구역을 재구성했다. 새롭게 구성된 행정구역은 부족phylen, 트리튀스trittyen, 데모스demos로 구분되었다. 이 개편에서 가장 하부단위는 데모스이고, 중간단위는 트리튀스이며, 트리튀스 위에 부족이라는 단위를 두었다. 민중들은 데모스에 소속되었고 데모스가 모여 트리튀스trittyen를 이루었으며, 이 트리튀스들이 부족에 귀속되는 행정체계이다. 데모스를 구성하는 민중의 수는 알 수 없지만, 당시 아티카 지역에는 140개의 데모스가 있었고, 이들이

| 부족<br>(phylen) | 10개 | • 1데모스, 2데모스, … 10데모스식으로 10개의 부족을 두고, 각 부족에서 50인의 대표를 선출했다. |
|---|---|---|
| 트리튀스<br>(trittyen) | 30개 | • 부족 아래에 30개의 트리튀스라는 중간 행정 구역을 두었다. |
| 데모스<br>(demos) | 140개 | • 민중들이 소속된 기초 행정구역 |

속한 트리튀스는 30개였다. 30개의 트리튀스는 10개의 부족으로 분류했다.

10개의 부족에서 각각 50명을 뽑아 500인 협의체인 '500인회'를 구성했다. 500인회는 1년을 임기로 하고 추첨을 통해 선발했다. 이들은 민회에서 올라온 안건을 조정하고 의결 사항을 집행했다. 또한 폴리스의 국정을 담당하는 아르콘archon을 직접 뽑을 수 있었고, 국정에도 참여하였다. 이는 솔론 시대의 400인회의 역할을 넘어서는 것이었다. 솔론 당시 400인회에서는 아레이오파고스에서 다룰 안건을 준비하는 것이라면, 500인회는 안건 준비와 안건 상정, 심의, 의결에서부터 아르콘의 선출과 국정 참여까지 다 열려 있었다. 이를 계기로 민중들의 힘은 커졌다.

혈연과 지연의 구조를 재편하여 위와 같이 구성한 것은 행정 구역의 재편을 통해 아테네 폴리스 전체와 연결된 시민들의 강한 연대감을 갖게 만드는 효과를 얻고자 한 것이다. 혈연과 지연에 의해 파당화하던 시민들은 새로운 행정 구역에 따라 연대감을 형성하면서, 자신들의 공통 의지를 표현할 수 있었다. 이 공통의지의 표현이 제도화한 것이 '도편추방제ostrakismos'이다. 이는 권력을 독점하는 참주가 출현하는 것을 막기 위해 만들어진 제도로, 아테네 민주정에서 참주가 될 위험이 있는 인물을 시민들이 투표로 아테네에서 추방하는 제도이다. 시민들은 도자기 조각에 참주가 될 가능성이 있는 인물의 이름을 적어 낸다. 일정한 수 이상이 한 사람을 지명하면 그는 10일 이내에 아테네를 떠나야 하고 10년 동안 돌아올 수 없게 했다.

### 도편추방제

도편추방제는 민회에서 올해에 도편추방제를 실시할지 말지를 결정해 프리타네이아(prytaneia)에 안건으로 상정한다. 프리타네이아에서 도편추방제를 실시하기로 결정 나면, 아고라 한쪽에 투표소를 설치한다. 그러면 시민들은 정해진 날짜에 이곳으로 와서 자신이 추방해야 한다고 생각하는 사람의 이름을 적은 사금파리(깨진 항아리 조각)를 던진다.

투표가 끝난 뒤, 사금파리 조각에 한 사람의 이름이 6000개 이상 적혀있으면, 그 사람은 10일 이내에 아테네를 떠나야 한다. 초기에는 추방 기간이 10년이었으나, 이후 5년으로 줄었다. 추방당한 사람이라고 해도, 자신의 재산권은 행사할 수 있었다. 만약 추방당한 사람이 아테네에서 발각되면, 그는 사형이 선고되고 재산도 몰수되었다.

민회에서 도편추방제를 실시할 것인가 말 것인가를 결정하는 것도 '프리타네이아prytaneia'에서 결정했다. 도편추방제는 독재를 막기 위해 클레이스테네스가 고안한 제도로, 참주가 될 위험성이 있거나 국가의 기반을 무너뜨릴 위험이 있는 사람을 평화적으로 제거하는 방법이자, 권력 투쟁을 위해 피를 흘리는 상황을 미연에 방지하는 효과를 지닌 정책이었다. 물론 도편추방제를 통해 페르시아의 앞잡이인 히피아스 일당을 추방하기도 했고, 참주정과 관련된 인물들도 추방했다. 복지부동한 보수적 정치가들도 추방했다. 하지만 민중들의 눈에 잘나 보이는 사람들도 추방당하기도 했다. 가령 가장 공정한 사람이라고 평판을 받은 아리스테이데스Aristeidés도 추방당했는데, 그 이유는 단지 남들보다 잘나 보인다는 이유에서였다.

---

**프리타네이아(prytaneia)**

1년 365일을 1데모스가 36일, 2데모스가 36일, ⋯ 6데모스가 35일, ⋯10데모스가 35일씩 맡아서 폴리스의 행정을 맡았다. 자기의 순서가 되어 행정을 맡은 50인을 '프리타네이아(prytaneia)'라고 불렀다. 이들인 35일 혹은 36일 동안 임기를 맡을 동안 국가로부터 일당을 받았고, 함께 모여 식사하고 잠을 자면서 매일 열리는 500인회와 10일 마다 열리는 민회를 주관했다.
프리타네이아는 매일 저녁 다음날의 집행의장을 제비뽑기로 정하였고, 두 번 집행의장을 역임할 수 없게 했다. 이렇게 되어 1년에 집행의장을 한 번만 하게 되는 제도가 탄생하였다. 이는 국가 최고 통치자가 매일 바뀌어 누구도 독재를 꿈꿀 수 없게 되었다.

## 법 앞에서 평등, 동등한 권한(Isonomia)

행정 구역의 재편으로부터 시민들의 공통의지가 반영되는 여러 제도를 만드는 등의 개혁은 시민들이 법 앞에서 평등하다는 이념으로 발전한다. 클레이스테네스의 개혁으로 탄생한 정치체제를 당시 아테네 사람들은 "이소노미아Isonomia"라고 불렀다.

이소노미아의 말뜻은 '법 앞의 평등', '동등한 권한'이다. 이소노미아는 정치적으로 신분의 귀천을 넘어서 모든 시민층이 정치에 참여할 수 있었던 정치 체제를 의미했다. 이소노미아라는 정치 체제로부터 법을 통해 공동체가 유지되는 '정치적 평등'이라는 이념이 탄생했다. '정치적 평등'이라는 이념이 탄생되자, '타인의 지배가 없고 서로 평등한 상태'인 정치체제가 확립되었다.

이소노미아는 공동체 구성원 전체, 즉 데모스Demos가 참여하는 데모스 정치로 인식되었다. 지역구에 속한 사람들을 데모스라고 부르고, 그들이 주인이 되어 참여하는 '민회'가 만들어지면서, 이 민회에서 민중들은 자신들의 의견을 개진했다. 그래서 민회 또한 데모스라고 불렸다. 이제 데모스는 전체 인민을 의미하게 되었다.

우리는 democracy라는 단어를 민주주의로 번역한다. 이 단어는 demos(민중)와 cracy(지배 혹은 정치제도)의 합성어이다. 단어의 구성에서 보면, 그 의미는 '민중에 의한 지배' 혹은 '민중에 의한 정치제도'라는 뜻임을 이해할 수 있다. 여기서 민중은 클레이스테네스의 행정 개편의 단위였던 부족들, 즉 구성원 모두demos를 지칭한다.

그러나 전체 구성원 모두의 참여 속에 이루어진 정치를 뜻하는 데모스가 페르시아와 1, 2차 전쟁에서 승리하고, 이를 계기로 아테네가 해상 제국이 되는 과정에서 일부 분파의 이익만을 위해 정치를 하는 '민중'을 뜻하는 용어로 바뀐다. 그래서 데모스는 자신들만의 이익을 위해 일하는 하층 시민들을 의미하게 되었고, 이러한 지배를 민중demos의 지배cracy, 즉 중우정치라고 부르게 되었다.

요컨대, 데모크라시democracy라는 말이 생기기 이전에 민주적 정치를 가리키는 용어로 동등권을 의미하는 이소노미아Isonomia라는 용어가 쓰였다는 점이다. 그리고 이소노미아는 법적으로 동등한 권리를 의미하다가 점차 그 의미가 확대되어 정치적 사회적으로 동등한 발언권Isegoria, 동등한 지배권Isokratia 등 다양한 의미가 포함되었지만, 이들 가치는 데모크라시democracy의 핵심가치에 수렴된다는 것이다.

## 이소노미아에서 민주주의로

　이소노미아Isonomia에서 민주주의democracy로의 전환에는 전쟁이라는 변수가 있었다. 기원전 5세기에 아테네는 페르시아와 두 차례 전쟁을 치른다. 이 전쟁에서 아테네는 승리하면서 해상제국으로 성장한다.

　기원전 490년 페르시아 다리우스 1세기원전 550~486가 이끄는 대군을 마라톤 평원에서 물리친다. 이때 아테네 주력군은 중무장한 보병대였다. 이 보병대의 구성원은 클레이스테네스의 개혁으로 광범위하게 충원된 아테네 민중들이었다. 이 전쟁에서 승리함으로써 민중의 힘은 강해졌다.

　강력해진 민중의 힘을 보여주는 것이 도편추방제의 실시이다. 또한 행정관을 추첨으로 뽑게 되었다. 행정관이 선출직에서 추첨제로 바뀐 것이다. 귀족제적 선출직이 민주적 추첨제로 전환되었다. 처음에 아르콘은 선출직이었다. 아르콘을 선출하는 투표는 선거운동을 할 수 있는 권력과 돈을 가진 귀족들에게 절대적으로 유리했기에 귀족들의 전유물이 되었었다. 이를 시정하기 위해서 기원전 487년부터는 아르콘을 선거가 아니라 제비뽑기로 선출하게 되었다. 고대 아테네인들은 제비뽑기는 신의 결정이라고 믿었기에 이런 변화를 쉽게 받아들였다.

기원전 480년에 재침략한 페르시아의 크세르크세스 1세의 군대를 아테네가 살라미스 해전에서 패배시킨다. 살라미스 해전에서의 승리로 아테네는 그리스의 맹주로 부상한다. 이 전쟁을 계기로 델로스 동맹이 맺어진다. 그리스의 다른 도시국가들은 군대의 유지비와 전투 수행비를 대고, 아테네는 이 비용으로 동맹의 방어를 담당했다.

페르시아 전쟁에서의 승리와 델로스 동맹을 통해 아테네 민중들은 정치적 역량을 확대할 수 있었으며, 전쟁을 통한 전투수당으로 생계를 유지할 수 있었다. 델로스 동맹으로 그리스 도시국가들이 지불한 전쟁 부담금이 아테네 민중들의 생계수단이 되었던 것이다. 자연히 민중들은 호전적인 정책을 지지하고, 정치적 발언권이 확대되면서 재판권, 행정관 탄핵 심판권 등을 갖게 되었다. 또한 재판에 배심원으로 참여하며 수당을 받는 일로 이어졌다.

정치적 측면에서 귀족파와 민중파의 대결에서 민중파의 힘이 세지면서 민회와 500인 협의회의 권한이 강화되었다. 이러한 상황들로 인해 빈농테테스, thetes이 아테네 정치에서 전면에 등장하였고, 이들의 정치적 발언권이 강해졌다. 또한 중소농제우기타이, zeuqitai 계층이 아르콘 후보가 될 수 있었다. 아르콘은 최상위 계층만 선출될 수 있었던 행정직이었다. 결론적으로, 솔론에서부터 클레이스테네스에 이르는 개혁이 이소노미아라는 정치체제를 만들었고, 페르시아와의 전쟁을 통해 민중들의 힘이 커지면서 데모크라시democracy가 탄생한 것이다.

## 페리클레스의 연설

이소노미아Isonomia에서 민주주의democracy로의 전환과 아테네인들이 누렸던 문화적 요소, 그리고 당시 아테네인들의 덕목들이 어떠했는지를 알 수 있는 내용이 있다. 바로 페리클레스기원전 495?~429의 연설이다. 페리클레스는 역사학에서 아테네의 민주주의를 정착시켰고, 그리스에서 아테네를 정치적·문화적 중심지로 만든 인물로 평가된다. 그의 연설은 펠로폰네소스 전쟁으로 죽은 군인들을 추도하는 것이지만, 그 내용은 아테네의 민주정의 성격을 가장 잘 보여주는 중요한 자료이다.

페리클레스가 이끄는 아테네는 새로운 황금기를 구가하고 있었다. 흔히 페리클레스가 지도하던 시기의 아테네를 '그리스의 황금기'라고 부른다. 하지만 이 시기 아테네와 스파르타는 전쟁으로 치닫고 있었다. 이런 상황에서 페리클레스가 민회에서 스파르타와의 전쟁을 강행해야 함을 역설하는 연설을 하고, 페리클레스의 연설에 설득되어 아테네는 스파르타와의 전쟁을 치른다. 전쟁 중 페리클레스는 전사한 장병들을 추모하는 추도연설을 행한다. 이 추도연설 이후에 스파르타와 전쟁을 계속해야 한다는 입장의 시민과 평화를 주장하는 시민들로 나뉜 상황에서 페리클레스는 민회에서 두 번째 연설을 하면서 스파르타와 전쟁을 지속할 것을 주장한다. 하지만 해전을 중심

**추도연설을 하는 페리클레스** - 필립 폴츠, 1877

으로 전쟁준비를 하고 남은 시민들을 성안에 모여 생활하게 하는 동안 역병이 돌아 엄청난 수의 사람들이 죽음을 맞게 된다. 페리클레스 역시 역병에 감염되어 죽고 만다.

  페리클레스의 추도연설을 보자. 다음은 연설문의 전문全文이다.

  고인들을 추모하기 전에 저는 우리가 어떤 행동 원칙을 통해 강국으로 부상했는지를, 어떤 제도 밑에서 어떤 생활 자세를 취했기에 우리의 제국이 위대해졌는지를 우선 말씀드리고 싶습니다. 이런 자리에서는 한번쯤 그런 생각을 해보는 것도 괜찮다 싶었고 여기 모이신 수많은 시민과 외지인께서도 한번 들어두시면 도움이 되지 않을까 싶기 때문입니다.

나는 우리의 정부 조직이 이웃 국가들의 제도들을 모방하지 않았음을 말하고자 합니다. 우리가 다른 사람들을 본받은 것이라기보다는 다른 사람들에게 본보기가 된 것입니다. 우리의 정치체제는 민주주의 democracy라고 불리는데, 이는 권력이 소수의 손이 아니라 전 국민의 손에서 나오기 때문입니다. 사적인 분쟁을 해결하는 문제에서 모든 사람은 법 앞에서 평등Isonomia합니다. 그러나 어떤 사람을 공적인 책임 있는 자리에 다른 사람보다 위에 둘 때 중요하게 고려되는 것은 그의 출신 성분이 아니라 그의 실제적인 능력입니다.

어떤 사람이 국가에 봉사할 능력이 있다면, 가난 때문에 정치적으로 빛을 못 보는 일은 없습니다. 그리고 우리의 정치 생활이 자유롭고 개방적이듯이 다른 사람들과의 관계에서 일상 생활 또한 개방적입니다. 만일 우리 이웃이 자기 방식대로 즐긴다고 해서 그 사람에게 화를 내지 않으며, 또는 실제적인 해를 입히는 것은 아니나 감정을 상하게 할 수 있는 불쾌한 표정조차 내보이지 않습니다. 우리는 우리의 사생활에 대해서 자유롭고 관용적입니다. 그러나 공적인 문제에서만큼은 우리는 법을 준수합니다. 그 이유는 법은 우리가 존중할 만큼 가치가 있기 때문입니다.

우리는 우리가 권위 있는 자리에 앉힌 사람에게 복종하고 또한 법 자체에, 특히 압제받는 자들을 보호하는 법과 불문법들을 복종하고 그것을 어기면 누구나 수치스럽게 생각합니다.

그리고 여기에 또 다른 점이 있습니다. 일이 끝났을 때 우리는 우리의 정신을 새롭게 하는 모든 종류의 여가를 선용합니다. 시, 희극, 음악, 운동 경기에서의 다양한 경연대회들과 제사들이 1년 내내 정기적으로 벌어집니다. 우리의 가정들에서 우리는 미와 취미를 발견하는데, 이것들은 우리에게 매일매일 즐거움을 가져다주고 우리를 염려에서 벗어나게 합니다. 그리고 우리 도시가 위대하기 때문에 모든 좋은 것들이 전 세계에서 우리에게로 흘러들어오고, 그 결과 우리에게는 우리 자신의 상품들처럼 외국의 상품들을 즐기는 것이 아주 자연스러운 듯합니다.

그리고 군사적인 안전보장의 문제에서 우리와 우리의 적들 사이에는 큰 차이가 있습니다. 여기에 몇 가지 예가 있습니다. 우리 도시는 세계에 개방되어 있고, 우리에게는 적에게 군사적으로 유리할 지도 모르는 비밀 정탐을 사전에 막기 위해서 주기적으로 외국인들을 추방하는 제도가 없습니다. 이는 우리가 국가를 비밀스런 무기가 아니라 우리 자신의 진정한 용기와 충성심으로 수호하기 때문입니다.

또한 교육제도에서도 우리와 저들의 차이가 큽니다. 스파르타인들은 아주 어려서부터 용기를 기르기 위한 힘든 훈련을 받게 되지만 우리는 이런 훈련을 받지 않고 일생을 살아갑니다. 그러나 비록 자유롭게 산다고 해도 우리는 그들과 마찬가지로 어떤 위험도 헤치고 나갈 준비가 되어 있습니다. 이에 대한 증거가 여기 있습니다. 스파르타 인들이 우리나라를 침입할 때에 그들은 단독으로 오지 않고 모든 동맹국들과 함께 옵니다. 그러나 우리가 해외 원정에 나설 때에도 우리는 혼자의 힘으로 그 일을 수행하며, 외국 땅에서 싸울 지라도 자기들의 국가와 가정을 위해서 싸우는 적들을 패배시키는 경우가 적지 않습니다. 사실 지금까지 우리의 적들 중에는 아무도 우리의 전 병력과 대전한 적이 없는데, 그 이유는 우리는 병력을 특수한 임무에 따라 육군과 해군으로 분산시켜야 하기 때문입니다.

그런데도 우리의 적이 우리 군대의 일부와 접전하고 승리를 거두면 우리의 전체 군대를 격파했다고 스스로 생각하고 만일 패하면 우리의 전체 군대 때문에 패했다고 주장합니다. 나는, 혹독한 훈련에 의해서가 아니라 느긋한 마음으로, 그리고 국가가 주입한 용기보다는 자연스러운 용기로서 위험에 자발적으로 대처하는 우리의 방식이 확실히 더 많은 장점을 가지고 있다고 생각합니다. 우리는 미래의 고난을 위해서 현재의 우리의 시간을 쓸 필요가 없습니다. 그러면서도 실제로 고난이 우리에게 닥치면, 언제나 엄격한 훈련을 받는 적들과 마찬가지로 우리 스스로 용기를 보여줍니다. 이것이 바로 우리 국가가 당연히 칭찬받아야 할 점이라고 나는 생각합니다. 또 다른 점들도 있습니다.

아름다운 것에 대한 사랑이 사치로 나아가지 않습니다. 정신적인 일들에 대한 사랑이 우리를 유약하게 만들지도 않습니다. 우리는 부를 자랑해야할 것으로 보기 보다는 적절히 사용해야 할 것으로 여깁니다.

가난에 관해서 말하자면 아무도 가난을 인정하는 것을 부끄러워할 필요가 없습니다. 진짜 수치스러운 것은 그것으로부터 벗어나기 위해서 실제적인 노력을 하지 않는 것입니다. 각 개인은 자신의 개인적인 일뿐만 아니라 국가의 일에도 관심을 가집니다. 대체로 자신의 사업에 몰두하고 있는 사람들조차 전반적인 정치문제에 대해서 잘 알고 있는데 이 점이 바로 우리의 특징입니다. 우리는 정치에 무관심한 사람을 자신의 일에만 몰두한다고 말하지 않고 우리와는 전혀 무관한 사람이라고 말합니다. 우리 아테네인들은 우리 자신의 시민단 안에서 정책을 위한 결정을 내리거나 정책들을 적절한 토론에 회부합니다.

왜냐하면 우리는 말과 행동 사이에 불일치는 없다고 생각하기 때문입니다. 가장 나쁜 것은 적절한 토론을 거쳐 결론을 내기 전에 성급하게 행동하는 것입니다. 그리고 이 점이 다른 나라 사람들과 우리와 또 다른 점입니다. 우리는 모험을 하는 동시에 그것들을 미리 평가할 수 있습니다. 다른 사람들은 무지로 인해 용감하고 생각하기 위해서 멈추었을 때 그들은 두려워하기 시작합니다. 그러나 참으로 용감한 사람은 인생에서 감미로운 것과 고통스러운 것의 의미를 가장 잘 알고, 그리고 나서 앞에 올 일들을 맞으러 아무 거리낌 없이 나아가는 자입니다.

또한 일반적으로 호감의 문제에서 우리와 대다수의 다른 국민들 사이에 큰 차이가 있습니다. 우리는 다른 사람들로부터 선행을 받으면서가 아니라 다른 사람들에게 선행을 함으로서 친구를 만듭니다. 이 점이 우리의 우정을 더욱더 신뢰 있게 만드는데 왜냐하면 계속적인 호의를 다른 사람들에게 보임으로써 우리의 호의를 받은 사람들의 감사가 계속 되기를 원하기 때문입니다. 반면에 우리에게 어떤 빚을 진 사람의 감정은 우리와 동일한 열정을 가질 수가 없는데 이는 그가 우리의 호의에 보답할 때에 어떤 것을 자발적으로 주려하기 보다는 빚을 갚으려는 의무감이 앞선다는 사실 때문입니다. 우리는 이 점에서 유일무이 합니다. 우리가 다른 사람에게 친절을 베풀 때에 어떤 이익이나 손해를 계산해서 행하지 않습니다. 우리는 뒷일을 생각하지 않고 우리의 자유로운 관대성에 입각해서 행합니다.

이 모든 점들을 함께 고려할 때에 나는 우리의 도시가 그리스에 하나의 교육장임을 선언합니다. 내 생각에는 우리 시민들 각자는 인생의 모든 다양한 측면들에서 자신을 자기 인격의 정당한 주인이자 소유주로 보일 수 있고, 더 나아가 이 점을 아주 품위 있고 다재다능하게 행할 수 있다고 선언합니다. 그리고 이 말이 이 특별한 때(추도식)를 위한 공허한 자랑이 아니라 참으로 객관적인 사실임을 보이기 위해서 여러분들은 우리 국가가 내가 앞에서 언급한 자질들에 힘입어 보유했었고, 현재 우리가 보유하고 있는 힘을 생각해보면 됩니다.

아테네인들은, 내가 아는 국가들 중에 아테네인들이 혼자서 지금까지 우리의 특성으로 간주되던 위대성을 시험해보는 최대의 시련기를 맞고 있습니다. 아테네의 경우에는, 그리고 아테네의 경우에만, 침입하는 적이 패배 당해도 부끄러워하지 않으며, 어떤 종속민도 위상에 걸맞지 않는 사람들에게 지배받고 있다고 불평할 수 없는 국가입니다.

실로 위대함이야말로 우리가 남긴 제국의 표적이자 기념비입니다. 현재의 세대가 지금 우리에게 놀라듯이 미래의 세대도 우리에게 놀랄 것입니다.

페리클레스의 유명한 이 연설은 투키디데스의 ≪펠로폰네소스 전쟁사≫에 실려 있다. 이 연설은 스파르타를 중심으로 한 폴리스 연합과 아테네의 전쟁인 펠로폰네소스 전쟁에서 죽은 아테네 청년들의 장례식에서 페리클레스가 행한 추도사이다. 페리클레스는 운집한 시민들을 한 차례 둘러보고 나서 연설을 시작했다고 한다.

이 연설문을 통해 우리는 당시 아테네의 정치적 상황과 아테네인들의 자부심, 아테네의 문화와 아테네의 덕목들을 모두 확인할 수 있다. 페리클레스는 아테네 시민의 위대함을 시민 의식, 시민의 의무 등을 거론하며 강조하고, 아테네의 민주정과 문화적 우월감을 내세워 아테네가 모든 그리스의 모범임을 부각시킨다. 페리클레스의 연설 내용처럼 당시 아테네인들은 자신들의 정치체제, 문화적 우월성과 시민의 덕목 등에 대해서 우월성을 가지고 있었다.

## 페리클레스의 황금기

'페리클레스의 황금기'라고 불리는 이 시기는 풍요와 안정의 시기였다. 하지만 오랜 전쟁 뒤에 찾아온 풍요와 안정은 아테네인들에게 모든 것을 돈으로 해결하려 하는 황금만능주의에 빠져들게 했다. 아테네인들은 집과 몸을 황금으로 치장하고 뛰어난 소피스트에게 웅변술을 배우기 위해 필요한 돈을 모으는 데 급급했다.

젊은이들은 아테네 영광의 상징인 테세우스의 얼굴과 몸매를 따라잡기에 열중했다. 뛰어난 외모와 강인한 몸매에 대한 아테네 시민의 동경은 엄청났다. 아름다운 사람들, 멋있는 사람들이 지배하는 세계 등으로 표현되는 외면의 아름다움을 추구하였다. 아테네 남자들은 외모와 몸매를 가꾸기 위해 많은 시간을 투자했다. 페리클레스도 뛰어난 외모와 웅변술로 아테네인들의 사랑을 받았으며, 페리클레스의 조카이자 소크라테스의 제자인 알키비아데스는 뛰어난 외모와 웅변술만으로 아테네 시민을 열광하게 했다.

아테네는 황금만능주의와 외모지상주의와 더불어 말이 지배하던 사회였다. 시민들은 소피스트들에게 거액의 돈을 주고 웅변술을 배웠는데, 이는 민회에서 자신의 의견을 관철시키기 위함이기도 했지만, 소송에서 이기기 위함이기도 했다. 당시는 소송이 난무하던 시기였다. 조그만 분쟁도 법정 소송으로 이어져 시시비비를 법정에서

**쾌락의 팔에서 알키비아데스를 끌어내는 소크라테스**
- 장 밥티스트 레뇨, 18세기

가리는 것이 유행처럼 번졌다. 법정에서의 판정은 죄의 유무가 아니라 얼마나 배심원을 잘 설득하는가에 달려 있었다. 법정의 변론은 말로 하는 경기라는 의미에서 일종의 스포츠 경기처럼 인식이 될 정도였다. 아테네는 얼마나 말을 잘 하는가에 의해 사람의 능력이 결정되는 사회가 된 것이다. 과도한 공약을 내세워 대중들을 선동하는 정치가를 데마고그demagogue라 했는데, 페리클레스의 조카인 알키비아데스가 대표적이다.

페리클레스의 친구이며 알키비아데스의 스승이기도 한 소크라테스는 돈과 외모, 말에 끌려가는 아테네인들을 비판하고, 물질보다는 정신적인 숭고함과 외모보다는 내면적인 아름다움을 강조하고, 현란한 수사학보다는 진실을 담은 말이 소중한 것임을 일깨워준다. 소크라테스나 플라톤이 아테네 민주주의를 비판한 것은, 민중의 지배가 민중의 이익만을 위해 노력했지 공적인 이익이나 공공성을 추구하지 않았다는 것이다. 소크라테스나 플라톤의 아테네 정치 비판은 이러한 배경에서 이루어진 것으로 이해할 수 있다.

로마의 역사가들 역시 아테네가 멸망한 이유를 민주주의democracy에서 찾았다. 로마는 민주주의의 문제점을 극복하기 위해 공화정 체제를 정치체제로 발전시켰다. 로마 공화정의 이념은 'res publica'이다. 이는 '로마인 모두에게 속하는 공적인 것', '모든 이에게 이익을'이라는 뜻이다. 대한민국의 헌법은 "대한민국은 민주공화국이다"라는 정의(1조)로부터 시작한다. 이는 대한민국의 정체를 민주주의와 공화주의를 혼합한 것으로 정의한다. 대한민국의 국민이 주권자이며, 주권자들의 자발적이며 공적 의지voluntary general가 법을 만들고, 이 법에 따라 대한민국을 대표하는 대통령의 책임과 권한의 한계를 정하고, 대통령은 대한민국 구성원 모두에게 이익이 되며 대한민국 구성원 모두에 속하는 공적인 일을 하는 것으로 정했다는 의미이다. 대한민국을 영어로 'Republic of Korea'라고 표현한다. 여기서 Republic은 res + publica를 의미하고, 자음이 겹치면서 s가 탈락하여 하나의 단어가 된 것이다.

# 09

## 소피스트들과 작가와 시인들

## 소피스트

　아테네는 페르시아와 전쟁에서 승리함으로써 델로스 동맹의 맹주가 되었고, 정치적으로도 경제적으로도 그리고 문화적으로도 급성장했다. 델로스 동맹의 맹주가 된 이후 아테네는 흑해, 이집트, 시칠리아에 이르는 동부 지중해를 지배하였다. 이것은 곧 해상 무역의 패권을 장악하는 결과로 이어졌고, 지중해에 있던 식민지 섬들의 문화는 아테네로 집중되었다. 바야흐로 아테네의 전성기에 접어든 것이다.
　페르시아와의 전쟁에서 승리를 하는 데 밑받침이 된 아테네 민중 demos들의 세력이 급격하게 성장하였고, 새롭게 대두된 상공업자와 해상무역업자 등의 세력도 괄목할 만한 성장을 이루었다. 이러한 사회적 세력들은 귀족적 문화와 정신을 민주주의적 기풍으로 전환시켜 냈다.

아테네가 완전한 민주주의로 전환되기 시작하자, 정치와 시정市政에 대한 지식과 그 전달방식에 있어 전혀 다른 요구가 발생했다. 귀족들이 정치를 전유할 당시에 당연시되었던 맹목적인 교조주의적 정치 방식과 전달방식은 더 이상 유효하지 않게 되었다. 민주주의에 의해 개인의 독립적인 의사 표현이 보장되고 상호 설득을 통해 의견의 일치를 구하는 설득의 기술이 요구되었다.

앞에서도 언급했듯이, 모든 정치적 · 사회적 지식들은 공개되어야 했고 민중들에게 납득되어야 했다. 지식의 공개와 납득의 요구는 개인적인 것이 아니라 사회적인 요구였다. 지식의 공개와 납득에서 가장 필요한 요소는 증명의 요구와 보편성과 객관성이었다. 이러한 요구들은 지식에서는 방법론과 인식론의 발전을 가져왔고, 정치 · 사회적으로는 연설과 설득의 중요성을 확인시켰다. 따라서 연설과 설득의 기술은 가장 좋은 출세의 도구가 되었다.

이러한 사회 상황에서 등장한 것이 바로 소피스트이다. 소피스트는 연설과 설득의 기술을 전수하는 전문 직업인이었다. 이들은 자신의 연설과 설득의 기술을 돈을 받고 팔았으며, 연설과 설득을 팔 수 있는 곳이라면 어느 곳이든지 달려갔다. 이런 점 때문에 이들을 순회교사라고 부르기도 한다. 이들은 설득과 연설의 기술을 전문적으로 가르치며, 진리나 지혜를 추구하지 않았기에 지식에 대한 입장에서는 상대주의적 관점이나 회의주의적 관점을 견지했다. 진리를 추구하는 것이 아니라 연설과 대화에서 상대방을 설득하거나 기술적으로 논증하는 데 집중하면서, 수사학적 미사여구와 말장난의 논증을 통해 상대방을 설득하는 방식을 취했다. 아테네의 이러한 정치·사회 분위기에 맞춰 지중해의 여러 지방에서 유능한 인사들이 아테네로 모여들었고, 이들은 부유한 집안의 자제들에게 돈을 받고 지식과 변론술을 전하는 일을 직업으로 삼았다. 이들을 소피스트라고 불렀다.

소피스트들의 긍정적인 측면은 아테네의 문화를 비약적으로 발전시켰다는 점이다. 지식에 대한 사회적 요청이 소피스트들에게 기회를 준 것이기도 하고, 나름의 교육체계에 대한 요구이기도 하였다. 소피스트들은 문명, 개인, 문화, 자유인, 종교, 예술, 시, 윤리, 정치 등의 다양한 주제로 지식을 가르쳤고, 아테네에서 지식을 대중화시켰다. 소피스트들이 가르친 주제들은 점차로 문학, 논쟁, 변론, 음악, 체육 등의 교육체계를 확립하게 하였다.

소피스트들이 이러한 주제들을 전수하고 체계를 확립하려 한 것은, 귀족정에서 민주정으로의 전환과 더불어 귀족들에 의해 독점되는 지식들을 민중들이 요구하면서 전혀 다른 방식과 체계로 재구성될 필요가 있었다. 다시 말해 지식에 대한 보편성과 객관성의 요구가 사회적 차원에서 일어난 것이었다. 지식에 대한 사회적 요청이 소피스트들에게 기회를 준 것이기도 하고, 나름의 교육체계를 형성하게 요구한 것이기도 하다.

## 대표적인 소피스트들

대표적인 소피스트인 프로타고라스Protagoras, 기원전 485~414와 고르기아스Gorgias, 기원전 483~375, 히피아스Hippias, 기원전 560년경~490년경를 통해 소피스트들의 지식에 대한 인식과 그 특징을 살펴보자.

소피스트들 중에서 가장 유명하고 거물인 사람은 프로타고라스였다. 플라톤의 저서인 ≪프로타고라스≫에 따르면, 프로타고라스가 아테네에 도착하자 소피스트를 비롯한 많은 사람들이 그를 찾아왔고, 부잣집의 아버지가 아들을 데리고 그를 만나러 왔다고 한다. 또한 그 책에는 소크라테스가 프로타고라스와 만나 아레테arete, 덕를 배울 수 있는 것인지를 두고 토론한 내용이 나온다.

### 프로타고라스

프로타고라스Protagoras, 기원전 485?~414?는 사람이 모든 존재에 대해서 그 존재의, 비존재에 대해서 그 비존재의 척도라는 '인간척도설'을 주장하였다. 이 말이 의미하는 것은 다음과 같다. 첫째, 인간의 지식은 감각과 동일시된다. 그런데 감각의 대상은 끊임없이 변하고 있다. 지식이 감각과 동일하다면 변하지 않는 인간의 지식은 불가능하다. 또한 감각 내용은 그때그때 지각된 내용이다. 그런데 그

**프로타고라스** - 토머스 스탠리의 ≪철학의 역사≫에서

때그때마다의 감각과 지각이 서로 다르다. 둘째, 인간의 관습과 전통에서 기인하는 지식도 시대에 따라, 집단에 따라 다르다. 이 두 가지 내용에 따르면, 프로타고라스는 상대주의적인 감각과 지각, 각기 다른 관습과 전통을 주장하는 것이다. 결국 지각을 통해 이루어지는 지식과 관습, 전통에 의해 이루어지는 지식도 상대적이라는 말이다.

상대적이라는 말은 절대적인 진리의 기준이 없고, 상황과 관습에 따라 지식은 성립되고 변할 수 있다고 주장한 것이다.

## 고르기아스

고르기아스Gorgias, 기원전 483?~376는 웅변에 뛰어났다. 웅변으로 아테네에서 이름을 날렸고, 그리스의 여러 도시들을 순회하면서 웅변으로 많은 돈을 벌었다고 한다. 고르기아스는 수사학으로도 이름이 알려져 있어서, 그에게 수사학을 배운 이소크라테스, 투키디데스 등도 수사학으로 이름이 알려져 있다. 고르기아스는 지식과 진리에 대해 회의주의 입장을 취한다. 그의 회의주의를 알려주는 유명한 논증이 있다. 그 논증은 다음과 같다.

첫째, 아무것도 있는 것은 없다.
둘째, 만약 어떤 것이 있다 하더라도 그것을 인식할 수 없다.
셋째, 그것을 인식할 수 있다 하더라도 그것을 남에게 전해줄 수 없다.

고르기아스는 '첫째, 아무것도 있는 것은 없다.'라는 명제에 다음과 같이 근거를 댄다. 만약 어떤 것이 있다면 그것은 유이거나 무이다. 무가 있다면, 그것은 무이므로 그것은 없을 것이다. 다른 한편으로 무가 있다는 것은 무를 긍정의 주어로 삼은 것이고, 그렇게 되면 무는 존재하게 된다. 따라서 모순되는 명제가 동시에 성립한다.

이를 정리해서 말해보자. '무가 무이다'라는 것은 참인 명제이다. 그런데 '무가 무이다'라는 명제는 무를 주어로 삼은 긍정명제이다. 판단사에 '~아니다'라는 부정 판단사를 사용하지 않았기에 긍정명제이다. 그렇다면 이 명제는 '무'가 긍정명제의 주어로 쓰여 '유'가 된다. 그러나 실제적으로 '무는 무이다.' 유이면서 무이기에 모순이다. 이러한 모순 상태의 어떤 것도 존재할 수 없다. 따라서 "아무것도 있는 것은 없다"라고 말한다.

'둘째, 만약 어떤 것이 있다하더라도 그것을 인식할 수 없다.'라는 명제를 다음과 같이 근거를 댄다. 어떤 것이 존재한다 하더라도 그것이 존재한다는 것과 그것이 인식된다는 것은 다르다. 존재와 인식이 같다면, 그것이 존재한다는 것은 필연적으로 동시에 인식된 것이라고 볼 수 있다. 그렇다면 모든 인식된 것은 인식되었다는 점에서 인식의 밖에 존재하는 것이 된다. 하지만 인식된 모든 것이, 인식의 밖에 존재한다는 것은 성립하지 않는다. 따라서 존재한다는 것은 바로 인식된다는 것과 같지 않으며 따라서 존재자는 인식되지 않는다.

이 말의 의미는 존재자와 그 존재자에 대한 인식의 불일치를 말하는 것이다. 존재와 인식이 같다는 전제에서 출발하면서 유니콘을 예로 들어 보자. 유니콘을 인식했다면 유니콘은 인식의 밖에 존재해야 한다. 그런데 유니콘을 인식했지만, 그 유니콘은 인식의 밖에 실제로 존재하지 않는다. 따라서 존재와 인식은 같지 않다고 말할 수 있다. 하지만 '존재자는 인식되지 않는다'는 마지막 주장은 억지이다. 존재와 인식이 같지 않다는 것에서 존재자는 인식되지 않는다는 주장은 도출되지 않기 때문이다.

'셋째, 그것을 인식할 수 있다하더라도 그것을 남에게 전해줄 수 없다'라는 명제를 다음과 같이 말한다. 인식의 외부에 있는 어떤 존재자를 파악하고, 그것을 다른 사람에게 전달한다고 할 때, 우리는 말로써 그것을 타인에게 전달한다. 그런데 말과 존재자는 다른 것이다. 우리가 타인에게 어떤 존재를 말로써 전달할 터인데, 그 말이 존재자를 전달한다고 생각할 수 없다는 것이다.

이러한 근거들로부터 고르기아스는 인식에 대한 회의를 주장한다. 그는 존재에 대한 부정에서부터 존재를 인식할 수 없음, 인식하더라도 전할 수 없음이라는 논증을 세워 인식과 진리에 대한 회의주의를 주장하였다.

## 히피아스

끝으로, 히피아스를 다루어 보자. 히피아스는 자연적인 것$_{physis}$과 인위적인 것$_{nomos}$을 가져와서 모순적인 관점이 양립할 수 있음을 보여주려 했다. 자연의 관점에서는 모든 사람은 동포이며 친구이다. 하지만 관습과 문화, 법에 의하면 그렇지 않다는 것이다. 관습과 법에 따르면, 귀족도 있고 시민도 있으며 노예도 있게 된다. 또한 자연에 따르면 인간의 본성은 다 같지만 인위적인 관습과 법에 따르면 사람은 시대와 종족에 따라 본성은 다르다고 말한다.

히피아스는 인간을 보는 관점이 자연적인 것과 인위적인 것에서 서로 모순적이지만, 이는 또한 양립 가능함으로 보여주려 했다. 이러한 논리를 통해 우리의 지식은 상대적이며 절대적일 수 없다는 주장을 한 것이다.

이상에서 거론한 소피스트들의 주장을 통해 하나의 공통점을 뽑아낼 수 있다. 그것은 지식론과 인식론에서 이들은 상대적이거나 회의적인 주장을 한다는 점이다. 당시 아테네의 지적 분위기가 증명을 요구하고, 보편성과 객관성을 요구하였는데, 이들의 활동은 오히려 지적, 도덕적 혼란을 가중하고 있었다.

당시 아테네인들은 이들의 성격을 간파하고 있었다. ≪소크라테스의 변론≫에서 보이듯이, 이들을 약한 주장을 강하게 만들거나, 강한 주장을 약하게 만드는 사람들이라거나, 언변술에 뛰어나 미사여구를 나열하는 사람 등으로 규정하고 있었다. 하지만 이들의 수사학과 연설, 설득은 여전히 정치적 야망을 가진 사람들에게 매력적인 것이었다.

≪소크라테스의 변론≫에서 소크라테스는 자신을 소피스트로 오해하는 아테네인들에게 자신은 누군가를 가르친 적이 없으며, 게다가 돈을 받은 적이 없다고 말한다. 이러한 진술은 소크라테스 자신과 소피스트를 구분짓기 위한 해명이다. 그러면서 소피스트와 달리 자

신은 진리를 추구한다고 말한다. 소피스트들은 진리에 관심이 없으며, 그들은 설득을 위해 약한 주장을 강하게 만들거나, 강한 주장을 약하게 만드는 사람들이라고 한다. 이러한 소크라테스의 언급에서 소피스트들의 성격을 알 수 있으며, 소크라테스는 소피스트의 성격을 하나하나 거론해서 반박한 것이다.

## 작가와 시인

페이시스트라토스가 연극과 시낭송회를 장려한 이래, 연극과 시낭송회는 일반인들에 가장 사랑받는 문화 요소였다. 연극은 아테네의 전성기에 희극과 비극으로 나뉘면서 발전하고, 그 형식도 현재의 오페라와 비슷한 형태를 띠었다. 그리스 신화에 등장하는 신들과 영웅들을 연기하는 배우가 등장하고, 이 배우들은 합창을 하는 다른 배우들과 대사를 주고받으며 아테네 시민들을 사로잡았다.

오페라가 주인공과 주변인물들의 이야기를 구성하면서 주인공의 감정과 대사를 아리아로 노래하고, 주변인물들이 레치타티보를 통해 전체적인 이야기의 서사를 이끌어가듯이, 아테네의 연극들도 대사와 노래가 어우러진 종합 예술이었다. 아테네의 연극은 합창시와 서사시가 결합되는 형태로도 발전한다. 신들과 영웅들의 일대기를 서사시와 합창시로 만들고 여기에 연극적 요소와 결합하여 공연했다.

　시 낭송회와 합창으로 시를 노래하는 것도 활발히 진행되었다. 연극처럼 종합적인 요소를 갖추지 않아도, 시를 노래로 만들어 합창하거나 낭송하는 경연대회가 자주 열렸고, 시민들은 이러한 경연대회에 참여하기도 했다. 이들 시 낭송회와 합창제는 음악 공연과 함께 진행되었으며, 다양한 경연대회가 개최되면서 등수와 상금이 정해져있었다. 이러한 상황을 보여주는 것이 ≪향연The Symposium≫과 ≪이온Ion≫이라는 작품이다. ≪향연≫은 기원전 416년, 젊고 아름다운 시인 아가톤Agathon이 아테네에서 열린 연극 경연에서 수상한 것을 기념하기 위한 파티를 배경으로 한다. 소크라테스와 이온Ion의 대화로 구성된 ≪이온≫에서는 대화의 첫부분에 이온이 에피다우로스Epidauros 극장에서 행해졌던 음악을 곁들인 시 낭송회에서 1등을 받고 온 것으로 나온다.

　연극과 시 합창제는 아테네인들을 하나로 묶는 역할을 했다. 연극이나 시에 등장하는 신들과 영웅들, 그들의 삶에서 보이는 훌륭한 덕목들이 아테네 시민들의 삶에 방향성을 제시하고, 아테네 시민으로서 자부심을 부추겼다. 연극과 시가 이러한 역할만 한 것은 아니다. 연극과 시는 그리스 신들의 계보를 정리하게 하면서, 그리스인들로 하여금 자신들의 공동의 신들과 영웅들을 인식하게 했다. 연극 작가들과 배우들, 시인들은 폴리스들을 방문하면서 공연을 했고, 이 공연들이 그리스 신화를 하나의 체계 잡힌 계보로 만들게 했다.

## 아리스토파네스와 〈구름〉

아테네는 많은 연극 작가들과 시인들이 있었다. 이 중에서 소크라테스와 관련된 작가와 시인들을 소개해보자.

희극작가 아리스토파네스Aristophanes, 기원전 446~385는 정치적인 풍자극으로 유명하여 당시 민주정의 지도자인 클레온을 비판하여 엄청난 보복을 당하기도 하였다. 소크라테스를 풍자한 작품인 〈구름Nephelai〉은 기원전 423년에 초연되었다. 소크라테스가 40대 중반으로, 많은 아테네 시민이 연극을 보았고 소크라테스도 이 연극을 보았다. 아리스토파네스는 실은 소크라테스의 제자였었다. 그는 소크라테스가 자연철학자도 아니며, 소피스트도 아님을 알고 있었을 것이다. 그런데 그는 〈구름〉에서 소크라테스를 신에게 불경죄를 지으며, 아테네 청년들을 타락시키며, 자연철학자이자 소피스트라고 표현했다.

제목이 〈구름〉인 것은 소크라테스가 믿는 신이 아테네가 믿는 신들이 아니라, 구름의 여신이라는 것을 비유해 보인 것이다. 연극 속에서 소크라테스가 구름의 여신을 찬미하는 까닭은, 구름은 비를 내려 만물을 자라게 하고, 천둥과 번개로 사람들을 경건하게 만들기 때문인

아리스토파네스의 〈구름〉에 묘사된 소크라테스

것으로 묘사된다. 그 연극에서 소크라테스는 구름의 형상을 한 큰 대바구니를 밧줄로 묶어 타고 다니며, 구름의 여신을 찬미한다. 〈구름〉의 줄거리는 다음과 같다.

　낭비벽과 경마에 빠져 큰 빚을 진 아들 페이딥피데스 때문에 골머리를 앓던 스트렙시아데스라는 노인은, 소크라테스에게 언변술을 배워 빚을 떼먹게 만들 요량으로 아들을 소크라테스의 학교에 보내려 한다. 하지만 페이딥피데스가 아버지의 뜻을 어기고 학교에 가지 않으려 하자, 스스로 학생이 되어 언변술을 배우게 된다. 하지만 스트렙시아데스는 언변술을 따라갈 수가 없어, 다시 아들을 강제로 소크라테스의 제자로 보낸다.

　마침내 페이딥피데스는 소크라테스에게 어떠한 상황에서도 이길 수 있는 언변술을 익힌다. 그리고 돈을 받으러온 채권자들을 말도 안 되는 언변술로 차례차례 물리친다. 자신의 작전이 성공한 것이 기쁜 나머지 아버지는 술잔치를 벌인다. 그런데 술을 마시는 가운데 부자간에 싸움이 일어난다. 아들은 아버지가 부르라는 노래는 부르지 않고 자신이 좋아하는 노래만 불렀다. 이에 화가 난 아버지는 아들을 때리려다 젊은 힘에 눌려 오히려 매를 맞는다. 아버지를 회초리로 때린 아들 페이딥피데스의 논리는, 어릴 때 아버지가 아들인 자신을 잘 되라고 때렸듯이, 이제는 자신이 아버지가 잘되게 하기 위해 때렸다는 것이다. 페이딥피데스가 펼친 논리는 소크라테스에게서 배운 언변술이라고 한다. 스트렙시아데스는 분노와 절망감에 사로잡혀 소크라테스의 학교에 불을 지른다.

　이 연극은 소크라테스가 고발당하기 24년 전에 만들어진 것이지만, ≪소크라테스의 변론≫에서 밀레토스가 제기한 고발장의 내용과 거의 동일하다. 아들을 언변술로 타락시키고 구름의 여신을 믿었다고 하는 것은, 밀레토스가 기소한 내용인 '젊은이를 타락시키고, 아테네가 믿는 신을 믿지 않는다'는 기소 내용과 같다. 또한 기소 내용에서 소크라테스는 자연철학자라는 내용은 구름을 탐구하고 자연을 찬미한다는 내용과 일치한다. 소크라테스가 ≪소크라테스의 변론≫에서도 〈구름〉을 언급하듯이, 연극 〈구름〉의 내용은 아테네 시민들에게 소크라테스는 젊은이를 타락시키고, 자연철학자이며 아테네가 믿는 신을 믿지 않는 사람이라는 인상을 심어 주었다. 이 연극은 당시 소크라테스가 유명한 철학자로 아테네와 그 전역에 알려져 있었음을 알게 해주는 동시, 소크라테스에 대한 시기와 불신 또한 적지 않으며, 아테네 시민들은 소크라테스에 대한 인상을 〈구름〉의 내용처럼 알고 있었음을 짐작케 한다.

또한 이 연극을 통해서 또한 알 수 있는 내용은 다음과 같다. 펠로폰네소스 전쟁에서 패하고 아테네가 스파르타와 굴욕적인 휴전 협정을 맺는 상황에서, 이제 자연철학자들은 아테네 신앙을 흔드는 자들이며, 부와 명예와 권력을 가져다 주던 소피스트들이 현자의 지위에서 밀려나 멸시의 대상이 되었다는 것이다.

이러한 정치상황에서도 불구하고 소크라테스는 민주주의를 비판하고 부정하며, 아테네 어디에서든 젊은이들과 철학적 토론을 통해 아테네가 정의롭지 못하고 아테네 시민들은 정의롭지 못한 방법으로 부와 권력을 얻는다고 비판했다. 여전히 민주주의적 입장을 견지하고 있던 시민들에게 소크라테스의 이러한 주장과 철학적 실천은 그들을 불편하게 만들었을 것이다. 정치적 입장을 달리하는 아리스토파네스는 이러한 분위기를 이용해 소크라테스를 공격한 것이다.

## 시인

시인들의 작품은 당시 그리스인들에게 상당한 영향을 미쳤다. 당시 아테네의 청년들은 서사시와 비극시를 음송하며, 신들과 영웅들의 모범적인 삶을 살기 위해 노력했다. 이들 시인들은 신들의 계보를 서사시로 읊조리거나, 신들과 영웅들의 관계를 노래하거나 영웅들의 삶을 노래했다. 이러한 서사시의 내용들은 그리스인들에게 신들에 대한 신앙과 자신들의 영웅에 대한 의심하지 않는 신뢰를 보내게 했다. 또한 다양한 서사시들은 당시에 그리스인들이 중요하게 생각한 덕목들을 노래했는데, 이 덕목들을 신들과 영웅의 삶과 연결해 노래했다. 이러한 서사시들은 폴리스의 구성원들을 하나로 묶어내는 역할을 했기에 그리스인들은 서사시의 내용에 따른 삶을 추구하였다. 시의 내용은 신들에게 찬사를 보내거나, 잘못을 저지른 인간을 벌주기를 바라거나, 그리스인들이 중요하게 여기는 덕목들을 노래하였다. 이러한 내용들은 그리스인들의 일상적인 삶에서 지침이 되었다.

그런데 ≪소크라테스의 변론≫과 플라톤의 ≪국가≫등에서는 시인들에 대해 비판적으로 묘사하고 있거나 폴리스에서 시인을 추방하라고 주장하기도 한다. 소크라테스는 ≪소크라테스의 변론≫에서 시인들은 논리적 근거에서 작품을 쓰지 않는다고 하고, 그들은 '영감; 솟아오름Physis'에 의해 작품을 쓴다고 비판한다. 그리고 시인들은 자신의 작품에 대해 설명하지 못하며, 근거를 제시하지 못하기에 시인들은 지혜롭지 못하다고 말한다. 하지만 ≪파이돈≫에서 소크라테스는 '꿈에서 시를 지어라'고 했다고 말하기도 하고, '철학은 가장 위대한 시가'라고도 말한다.

플라톤은 ≪국가≫ 제10편에서 시와 음악, 회화를 모방의 범주에 넣으면서, 모방의 천박함을 논한다. 또한 ≪파이드로스≫에서는 인간의 정신 능력과 직업의 위계질서를 세울 때, 시인은 장인과 농사꾼과 같은 지위에 놓으면서도, 다른 한편으로 시인은 '무시코스'라는 명칭으로 철학자와 더불어 최고의 지위에 두기도 한다.

이렇게 보면, 소크라테스든 플라톤이든 시인에 대해 모순된 입장을 보인다는 점을 확인할 수 있다. 이런 문제를 어떻게 보아야 할까? 분명한 것은 이들은 시인에 대해 상반된 입장을 가지고 있었으며, 모방하는 시인과 진리를 보여주는 시인으로 구분하고 있다는 것이다.

우선 모방하는 시인들에 대한 소크라테스의 입장을 살펴보자. 소크라테스가 시인과 시에 대해 말하는 것은 ≪소크라테스의 변론≫, ≪파이돈≫, ≪프로타고라스≫, ≪에우티프론≫ 등에 볼 수 있다. 이 중에서 소크라테스의 시 작품에 대한 분석과 비판을 볼 수 있는 것이 ≪에우티프론≫이다. 이 책에서 소크라테스와 에우티프론은 '공경(경외)'을 두고서 대화를 하다가, 스타시노스 Stasinos의 시를 인용한다. 짧은 인용이어서 시의 전체적인 내용은 알 수 없다. 소크라테스가 이 시의 일부를 인용한 것은 이 시가 공경(경외)을 주제로 하고 있기 때문이고, 에우티프론이 이 시의 내용을 알고 있었기 때문이다. ≪에우티프론≫에서 인용하고 있는 스타시노스의 시는 전편도 아니고 짧은 분량이므로 가져와서 이야기를 진행해 보자.

> 그에게는 그 일을 하고 이 모든 것을 생기게 한 제우스를 비난할 마음이 없었다. 두려움deos이 있는 곳에 경외(공경) 또한 있기 때문이다.

위의 내용은 시의 전부가 아니어서 전체적인 내용은 알 수 없다. 다만 소크라테스는 두려움이 있는 곳에 경외가 있다는 것은 논리적으로 성립할 수 없음을 주장한다. 소크라테스는 몇 가지 이유를 든다. 첫째는 질병과 가난 등을 우리가 두려워하지만, 그것을 경외하지는 않는다는 것이 그 이유이다. 둘째는 두려움과 경외라는 개념의 외연을 비교해 보자. 두려움이라는 개념의 외연이 경외라는 개념의 외연보다 더 넓다. 따라서 경외가 있는 곳에 두려움이 있다는 것은 성립하지만, 두려움이 있는 곳에 경외가 있다는 것은 성립할 수 없다라고 주장한다.

소크라테스의 이러한 분석은 논리적인 접근이다. 소크라테스의 논리적 분석은 타당하다. 이러한 논리적 접근은 시인들을 당황하게 만들었고, 소크라테스가 시인들에게 시의 의미에 대한 근거를 캐어물었을 때, 시인들은 대답할 수 없게 만들었다. 소크라테스는 시인들은 자신이 어떤 근거에서 시를 지었는지를 답하지 못하면서, 그리스인들의 덕목을 노래하거나 신들과 영웅의 모습들을 노래하는 것을 비판한 것이다.

　이제 플라톤의 경우를 보자. ≪국가≫라는 책에서 플라톤은 시인을 비판하는 것을 넘어 시인을 추방하자는 주장까지 한다. 그러면서도 정반대로 플라톤은 훌륭한 시는 신의 작품이라고도 주장한다. 이를 어떻게 이해할 수 있을까.

　우선 시인에 대한 플라톤의 비판을 확인해보자. 플라톤은 시와 음악, 회화와 같은 예술을 모방의 범주에 넣는다. 그가 예술을 모방의 범주에 넣은 것은 그의 이데아론의 체계 때문이다. 그의 이데아론에 따르면, 현실계의 존재자는 모두 이데아의 모방이다. 현실계의 자연물과 인공물은 이데아계를 모방해서 존재하는 것이다. 그런데 예술은 현실계를 다시 모방한 것이다. 책상을 그린 미술작품이 있다고 하면, 화가는 현실계의 책상을 모방하여 그린 것이고, 현실계의 책상은 책상 이데아를 모방해 만들어진 것이라는 논리이다. 예술품은 이데아를 직접적으로 그린 것이 아니라, 이데아를 모방한 현실계의 존재자를 다시 모방한 것이어서 그 진리값에서도 가장 낮다는 것이다. 현실계의 존재자가 1차 모방물이라면, 예술품은 2차 모방물이다. 이러한 관점에서 시인이 시를 창작할 때, 역사적 사실에 기초해서 영웅에 대한 서사시를 쓰는 것, 기술적으로 시를 창작하는 것 등은 모방에 해당한다고 본다.

다른 것에 있어서 곧 어떤 전문적인 기술이나 수공예에 밝은 사람은 평범한 장인이고요.

물론 위의 글은 ≪향연≫에 나오는 내용이다. 이 내용이 소크라테스의 입을 통해 발화되었지만, 그 내용은 플라톤의 생각과 다르지 않을 것이다. ≪향연≫ 역시 플라톤에 의해 쓰여졌기 때문이다. 이를 뒷받침하는 것이 ≪파이드로스≫이다. 플라톤은 이 책에서 시인을 두 차례 등장시킨다. 하나는 인간의 정신 능력과 그에 맞는 직업의 위계를 질서지울 때, 시인은 농사꾼과 장인의 지위에 위치 지운다. 이렇게 위치지운 것은 시인을 모방하는 기술자로 보았기 때문이다.

이러한 기술자로서 시인은 아테네의 민중들을 결집시키는 신들과 영웅들의 이야기를 서사시로 노래하고 공연하는 선동가처럼 보였을 것이다. 그래서 이들에 대한 비판을 줄기차게 말했다고 볼 수 있다. 당시에 민중들을 결집시키는 요소로 희극과 시인들의 공연이 주요한 역할을 했다.

다른 한편 플라톤은 시인을 철학자와 같은 지위에 위치 지운다. 플라톤이 시인을 최고의 지위에 위치 지울 때, 이러한 지위에 오를 수 있는 시인은 기술적으로 시를 짓는 시인이 아니다. 이 시인은 진리를 발생시켜 작품으로 형상화한 시인이다. 이 시인들은 무사 Mousai의 신에 의해 시를 짓는 사람들이고, 그 작품은 그대로 신의 말이라는 것이다. 그래서 이 시인들의 작품은 신성한 것이며, 신의 작품이라고 말한다.

시인들의 작품을 신의 작품이라고 한다면, 이를 어떻게 이해해야 할까. 아마도 플라톤이 이해한 시는 무엇에 대한 인식이고, 그 인식에서 참된 인식과 그렇지 못한 인식을 구분하고 있는 것으로 보아야 한다. 플라톤에게서 참된 인식은 이데아에 대한 인식이며, 그렇지 못한 인식은 모방에 해당할 것이다. 그렇다면 신의 작품으로 인식된 시는 이데아적 존재에 대한 선천적 인식이 될 것이다. 이데아적 존재에 대한 선천적 인식은 무사Mousai에 의해 신들림의 상태에 접어든 시인에게 계시되는 것이 된다.

> 무사Mousai는 몸소 인간에게 영감을 내리며 이처럼 영감을 받은 사람들에 의해 영감은 다른 사람들에게 전파된다. …… 모든 훌륭한 서사 시인들은 그 훌륭한 시편을 기술로써가 아니라 영감을 받고 신들림으로써 뱉어내는 것이며 훌륭한 서정 시인들도 마찬가지이다.
> 
> – 《이온》

이렇게 보면, 소크라테스나 플라톤은 시인을 두 종류로 구분하고 있으며, 시 작품 역시 두 종류로 구분하고 있음을 알 수 있다. 이러한 구분에서 기술로서 시, 기술자로서의 시인을 비판하는 것으로 보아야 할 것이다.

기술자로서 시인에 대한 소크라테스와 플라톤의 비판을 다른 각도에서 이해해보자. 이에 대해 크게 두 가지 입장으로 접근할 수 있을 것이다. 하나는 문화적 충돌이다. 구술문화를 대표하는 시인 집단과 문자문화를 대표하는 철학자 집단의 격돌이다. 다른 하나는 진리를 산출하는 방식에서의 충돌이다. 시인들은 영감$_{physis}$에 의해 작품을 창작하지만, 철학자들은 이성$_{logos}$을 사용한 논리적 방식으로 진리를 창조한다.

이를 구체적으로 살펴보자. 앞에서도 언급했듯이 시인들은 신들과 그리스의 영웅들에 대한 서사시를 주로 작품으로 발표했고, 이 작품들은 그리스인들의 삶에서 모범이 되었다. 이들의 작품은 시민들을 하나로 묶는 역할을 했으며, 시의 주제로 사용된 덕목들 역시 시민들의 삶의 지표로 작용했다.

소크라테스와 플라톤이 활동하던 당시의 아테네는 민중 지배가 절정에 달하였고, 신화를 소재로 삼아 시민들에게 공연한 시인들과 희극작가들은 민중들을 해당 폴리스의 신을 중심으로 뭉치게 하는 역할을 했다. 소크라테스와 플라톤은 민중들을 신을 중심으로 뭉치게 하는 이러한 시인들의 형태를 비판적으로 본 것일 수도 있다.

시인들의 작품이 암송되고 시민들을 뭉치게 하는 것은 당시 아테인들이 생계를 위해 전쟁을 지지하고 전쟁에 참여함으로써 전투수당을 받아 생활한 것과도 관련이 있다. 당시 아테네 시민들은 배심원으로 참석하여 수당을 받거나 전쟁 수당을 받아 생계를 유지하는 경우가 많았고, 이러한 분위기를 고조시키는 일들 중에 희극의 공연이나

시 낭송회 등이 그 역할을 했다. 이러한 민중 지배에 비판적인 시각을 견지한 소크라테스와 플라톤은 시인들과 작가들의 이러한 공연과 작품을 비판했을 것이다.

다음으로 철학자들이 시인을 비판한 것은 진리$_{aletheia}$ 발생과 근거가 자신들과 달라 이를 비판한 것으로 이해할 수 있다. 시인들의 창작은 영감솟아오름; $_{physis}$을 근거로 한다. 이에 반해 철학자들은 이성$_{logos}$을 통한 추론과 논증을 통해 철학적 실천을 한다.

영감이라는 것은 언어로 설명하기 어려운 어떤 것이다. 이 영감을 작품으로 가져오는 행위가 창작이고, 이 창작의 결과물이 작품이다. 이에 반해 철학은 이성$_{logos}$을 통해 이데아를 상기$_{anamnesis}$하는 것으로 진리를 산출한다. 소크라테스에 의하면, 우리의 영혼은 태어나기 이전에 이데아계에 있으면서 온갖 이데아를 방해 없이 알고 있다가, 혼이 육체에 깃들어 현실계에 태어날 때 이데아를 망각$_{letheia}$한다. 현실계에서 우리의 혼은 감각적 지각을 통해서 감각된 대상의 이데아를 상기하거나, 감각적 대상이 아닌 것들에 대해서는 이성의 기능인 추론$_{logismos}$을 통해 그것의 이데아를 상기한다고 말한다. 이것이 진리를 발생하는 인식이다. 이처럼 시적 진리와 철학적 진리는 그것을 발생하는 방식과 근거에서의 차이가 있다. 이러한 관점에서 소크라테스와 플라톤이 시인들의 시적 진리를 발생시키는 방식을 비판하는 것일 수 있다.

하지만 소크라테스와 플라톤은 시인들의 작품이 진리를 발생시키거나 진리를 그대로 보여준다고도 말한다. 소크라테스가 "철학은 가장 위대한 시가"라고 말하거나, 플라톤이 "훌륭한 시편들은 인간적인 것이거나 인간의 작품이 아니라 신성한 것이며 신의 작품"이라고 말하고 있기 때문이다.

그렇다면 이들이 시가 진리를 발생하는 것이거나 시 작품 그대로가 진리라는 관점을 견지한 이유는 무엇일까. 그것은 무사에 의해 선택받은 시인의 작품은 그 작품 그대로가 진리라는 것이다. 무사에 의해 선택받았다는 의미는 신들림(광기)의 상태에 빠져서 창작을 했다는 의미이다. 플라톤이 생각한 최고의 시는 바로 신의 말을 그대로 옮긴 것을 의미한다.

> 무사Mousai는 몸소 인간에게 영감을 내리며 이처럼 영감을 받은 사람들에 의해 영감은 다른 사람들에게 전파된다. …… 모든 훌륭한 서사시인들은 그 훌륭한 시편을 기술로써가 아니라 영감을 받고 신들림으로써 뱉어내는 것이며 훌륭한 서정시인들도 마찬가지이다. …… 시인은 영감을 얻어 자신의 감각기관을 초월하고 정신이 나가기 전에는 전혀 시를 짓지 못한다. …… 왜냐하면 그들은 기술에 의해서가 아니라 신의 감화를 받아 그러한 것들을 발설하기 때문이다. …… 신 자신이 그들을 통해 우리에게 지껄이고 이야기하는 것이다. …… 그 훌륭한 시편들은 인간적인 것이거나 인간의 작품이 아니라 신성한 것이며 신의 작품이다. 시인은 단지 신들의 통역자에 불과하다.   - 《이온》

플라톤의 시인에 대한 인식들은 모순적이면서도, 하나의 시사점이 있다. 그것은 신들림(광기)의 상태에서 쓴 시와 기술로써 쓴 시를 구분한다는 것이다. 신들림의 상태에서 쓰여진 시는 최고의 진리를 나타낸다. 소크라테스나 플라톤에게서 진리란 신만의 것이고, 신만이 온전한 지혜를 소유하고 있다고 전제되기 때문이다. 인간적 지혜는 온전하지 않기에 인간은 끊임없이 캐물어야$_{exetasis}$ 하는 존재라는 생각이 전제되어 있다.

그렇다면 신들림은 어떤 것일까? ≪파이드로스≫에는 세 종류의 광기$_{신들림, mania}$가 나온다. 첫째는 신의 선물로서 주어진 광기이다. 이에 해당하는 것이 델포이신전의 무녀와 도도네와 같은 여성 사제이다. 이들 여성 무녀들은 신들림의 상태에서 신탁을 전하는 역할을 했다. 둘째는 오래된 죄로 인해서 나타나는 광기이다. 이는 선대 조상의 죄업이 후손에게 내려진 것으로 광기가 생긴 경우이다. 셋째는 무사$_{Mousai}$에게 사로잡힘과 그 광기이다. 즉 무사$_{Mousai}$에게 선택받은 시인에 해당한다. 이를 다음과 같이 말한다.

섬세하고 순결한 혼을 붙잡아 일깨워서 서정적 노래들 그리고 다른 형태의 시에 맞추어 디오니소스 신도 같은 열광 상태에 빠지게 하여, 옛 사람들의 수많은 행적을 미화해서 후대 사람들을 교육하지. 하지만 무사들이 내리는 광기 없이, 그러니까 시작(詩作) 기술로 충분히 시인이 된 것이라 믿고서, 시의 관문에 이르게 되는 자는 그 자신이 미완인 채로 또 맨정신인 그의 시도 광기를 갖게 된 자들의 시로 해서 빛을 보지 못하게 되지.　　　　　　　　　　　　　　　－《파이드로스》

그렇다. 플라톤이나 소크라테스는 신들림에 의해 시를 쓰는 시인들은 이데아적인 존재에 대한 선천적 인식을 소유한 신들의 사람이라고 본 것이다. 이에 반해 기술적 시, 감각적 현실의 복제품을 생산하는 예술가와 시인을 모방하는 사람으로 본 것이다. 플라톤은 무사Mousai에 의해 선택된 시인들을 철학자와 동일하게 보았다. 철학자와 시인을 동일하게 보는 관점은 아마도 완전한 지혜를 가진 신들과 그 지혜를 추구하는 철학자, 그 지혜를 작품으로 가져오는 시인에서 공통점을 찾아야 할 것 같다.

시인과 철학자가 진리를 발생시키는 근거는 다르지만 그 방법은 유사한 점이 있다. 그리스에서 진리를 알레테이아aletheia라고 말하는데, 이 말의 의미는 망각됨 혹은 감추어짐letheia을 부정하여(부정접두어 a) 들추어내는 것, 탈은폐aletheia를 의미한다.

하이데거는 《예술작품의 근원》에서 시인을 비롯한 예술가의 경우, 솟아오름영감, Physis을 포착하여, 창작행위를 통해 여기Her-앞에Vor-가져오고Bringen, 그렇게 여기 앞에 놓인 작품에는 진리가 현현하고 있다고 말한다. 이는 시인과 예술가들의 창작 행위가 레테이아letheia를 알레테이아aletheia로 전환하는 것이자, 작품이 바로 진리라고 주장하는 것이다.

철학자의 철학적 실천도 이와 비슷한 면이 있다. 영혼은 이데아계에서 막힘없이 이데아들을 보았다. 그러나 현실계의 육체에 영혼이 깃들 때, 영혼은 망각letheia을 하게 되고, 현실계에서 지각이나 추론을 통해 이 망각을 부정하는 상기anammesis의 과정을 겪는다. 이 상기를 통해 레테이아letheia를 알레테이아aletheia로 전환하는 것이다. 다만 이 과정에서 시인을 비롯한 예술가와 철학자는 신적인 지혜를 들추어낼 때만이 그 의미가 있는 것이다.

## 작가와 철학자

앞에서 작가와 시인들을 바라보는 소크라테스와 플라톤의 입장을 서술했다. 소크라테스와 플라톤은 당시의 작가와 시인들에 대해 기본적으로 비판하는 입장을 취했다. 호메로스와 헤시오도스에 의해 신들과 영웅들의 서사가 이루어지고, 작가들이 이를 시와 연극으로 재생산하면서, 당시 아테네 시민들의 심상에 신들과 영웅들의 덕목들이 진리로 자리 잡았다. 이처럼 특정한 시기에 사람들의 심상에 진리로 자리 잡아 시민의 인식과 실천의 지침이 되는 담론 혹은 진리를 망탈리테mentalite라고 한다. 이러한 망탈리테에 대한 비판이 소크라테스와 플라톤이 작가와 시인들에 대해 행한 비판일 수 있다. 소크라테스와 플라톤은 작가와 시인들이 그들의 서사 작품을 통해 대중연설을 하는 것으로 보았기 때문이다.

> 자, 그러면 만약에 누군가가 모든 시짓기에서 멜로디와 리듬 그리고 운율을 떼어내고 나면, 남는 것은 노랫말들 이외에 다른 것이 무엇이겠소? …… 그러니까 이 노랫말은 많은 군중과 민중들을 상대로 말하게 되겠지요? …… 그렇다면 시짓기는 일종의 대중연설이 아니오? …… 그러니까 대중연설은 변론술이 아니겠소? 혹시 시인들이 극장에서 대중연설을 하는 것으로 그대에게는 생각되지 않소?

플라톤의 ≪고르기아스≫에 나오는 위의 글은 소크라테스와 소피스트인 칼리클레스와의 대화 중에 일부이다. 이 대화에서 확인할 수 있는 것은 시인들의 시짓기는 창작 행위보다는 대중연설에 가까웠다는 것이다. 작가들의 창작 행위와 그 작품의 발표가 '노예든 자유민이든, 어린아이든 여성들이든 간에 모든 민중을 대상으로 한 일종의 변론술'이라는 것이다. 이러한 창작 행위와 그 작품의 발표를 통해 민중들의 심상에 이들 작가의 서사적 진리가 깃들게 하고, 이 서사적 진리가 민중들에게는 사유와 실천의 기준이 되는 망탈리테를 형성하게 되는 것이라고 보았다.

이러한 서사 진리에 의문을 제기하고 근거를 대어 말하는 방식을 취한 것이 소크라테스와 플라톤이다. 소크라테스와 플라톤의 말하기 내용과 방법은 작가들과는 달랐다. 이 말하기는 당시 아테네인들에게 생경한 내용이자 말하기 방식이었다. 소크라테스와 플라톤의 말하기에 대해 미셸 푸코는 '헤시오도스와 플라톤의 분할'이라고 말한다.

푸코는 저서 ≪담론의 질서≫에서 당시 아테네의 시민들에게 서사적 진리란 존경해야 했고 두려워해야 했던, 그래서 그 지배에 복종할 수밖에 없는 담론이라고 본다. 헤시오도스와 호메로스 같은 시인들은 당시 아테네 시민들에게 시민들이 공유하거나 실천하는 담론을 생산하는 집단이었다. 소크라테스와 플라톤은 이들 집단이 형성한 담론이 검증 가능한 것인지, 유용한 것인지를 캐어물었고, 이후 진리란 캐어물어서 참인지 거짓인지 유용한지 등의 근거를 확보한 것 exetasis으로 정립되었으며, 이 과정에서 시인들과 소피스트들은 축출되었다고 말한다.

소크라테스와 플라톤의 말하기는 망탈리테mentalite에 대한 캐어물음exetasis이기도 하고, 서사적 담론에 대한 검증과 의심이기도 한 것이다.

# 10

## 펠로폰네소스 전쟁과 아테네의 쇠퇴

## 펠로폰네소스 전쟁 발발

두 차례의 페르시아전쟁 후, 페르시아의 재침략을 막기 위해 아테네를 중심으로 에게 해의 섬들과 소아시아 연안 폴리스들이 델로스 동맹기원전 478을 결성한다. 동맹에 참여한 모든 폴리스들은 페르시아군의 해상 침입을 막기 위해 막강한 함대와 해군을 보유한 아테네를 중심으로 뭉쳤다. 소규모 폴리스들은 아테네 함대의 강화를 위해 배 1척 정도에 해당하는 역량을 부담하기로 했는데, 대부분의 폴리스는 배와 수군을 직접 제공하는 대신 현물인 돈으로 부담했다. 그렇게 마련된 기금은 델로스의 아폴론 신전에 있는 동맹금고에 보관되었다. 델로스 동맹이 견고해지면서 델로스 동맹에 참여하지 않은 스파르타

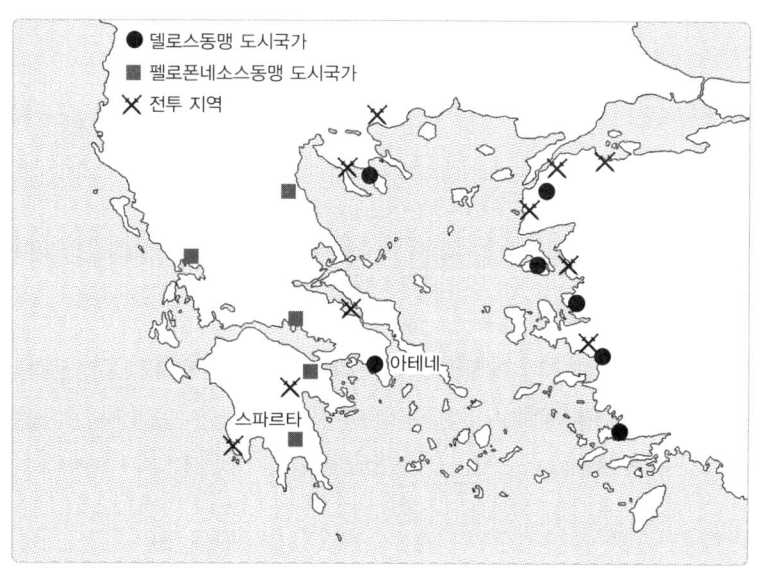

**아테네와 스파르타를 중심으로 격돌한 펠로폰네소스 전쟁**

와 아테네의 경쟁관계는 심화되어, 결국 전쟁으로 확대된다.

펠로폰네소스 전쟁은 두 차례에 걸쳐 일어난다. 1차 전쟁에서는 아테네의 팽창에 대한 스파르타의 견제에서 비롯된 간헐적 전투가 기원전 460년부터 15년간 이어졌다. 그리고 마침내 기원전 445년 서로 주도권을 가진 지역을 인정하는 니키아스 평화조약으로 15년간의 전쟁이 종결되었다.

기원전 454년 아테네를 위시한 델로스 동맹의 함대가 이집트 원정에 나섰다가 참패를 당한다. 이에 델로스 동맹의 자금줄인 동맹금고

파르테논 신전 - 요제프 쾨르쉬너, 1891

를 보다 안전한 아테네로 옮기고, 그와 더불어 동맹본부도 아테네로 옮겨왔다. 이로써 아테네는 자연스럽게 그리스의 정치적 경제적 중심에 위치하게 된다. 아테네에 동맹금고가 옮겨오며 당시 민주정의 지도자였던 페리클레스는 모든 그리스 폴리스들의 수장들을 소집했다. 그 자리에서 페리클레스는 페르시아에 의해 파괴된 아테네의 아크로폴리스의 신전 복구와 해상의 자유항해 등의 문제를 해결하기 위해 공납을 계속 내도록 유도했고, 참석한 폴리스의 대표들은 동의한다. 이때 공납에 참여한 폴리스가 150여 개에 달할 정도로 대규모였다. 이후 페리클레스는 건축위원원장이 되어 동맹금고를 헐어 파르테논 신전을 비롯한 아크로폴리스의 재건을 시작했다. 작은 폴리스들의 반대도 많았지만, 페리클레스는 강력한 군사력을 바탕으로 아테네의 지배력을 확대하며 억압했다. 동시에 아테네인들의 정착촌을 넓혀가는 제국주의의 초기 형태를 띠게 된다.

아테네 시민들은 작은 폴리스와 정착촌 등지에서 올라오는 조공이나 세금으로 경제적 풍요를 누리며 문화를 향유하였다. 시간이 지나면서 페르시아와의 전쟁 위험은 사라졌는데도 방위를 명분으로 한 공납은 줄지 않았고, 그 돈의 사용처도 불분명했기에 폴리스들의 아테네에 대한 불만이 커져갔다. 게다가 조공으로 들어온 은화를 다시 폴리스들에게 빌려주는 고리대금업을 하기에 이르렀다. 아테네에 대한 불만이 극에 다다르자 델로스 동맹에서 탈퇴하는 폴리스들이 속출하고, 이들은 스파르타에게 도움을 요청하여 펠로폰네소스 동맹에 들어갔다. 펠로폰네소스 동맹은 기원전 6세기경 스파르타를 중심으로 아르고스를 제외한 펠로폰네소스 반도의 폴리스들이 맺은 동맹이었다.

다시 아테네와 스파르타 사이에는 극한 긴장이 생기고, 마침내 기원전 433년 코린토스의 식민지였던 케르키라의 독립문제로 두 동맹 사이에 전쟁이 벌어진다. 이것이 2차 펠로폰네소스 전쟁이다. 흔히 펠로폰네소스 전쟁이라고 하면 이 2차 전쟁을 일컫는다. 이 전쟁은 아테네와 스파르타를 중심으로 벌어진 그리스 내전이었지만, 당시 아테네가 지중해의 제해권과 최고의 문명화된 폴리스였던 점을 감안하면, 오늘날 세계대전과 맞먹는 전쟁이라고 할 수 있다. 전쟁은 몇 차례의 휴전과 평화협정 등으로 27년간 그리스 전역에서 전투가 벌어졌다.

아테네 시민 모두가 펠로폰네소스 전쟁을 찬성한 것은 아니었다. 오히려 전쟁을 반대하는 목소리가 더 컸다. 기원전 5세기 중엽에는 아테네가 문화와 정치의 중심지로 성장하였고, 아테네의 입구인 피우레스 항은 지중해에서 많은 생산품의 교역이 일어나는 가장 번잡한 항구가 되었다. 아테네 내에서는 묘한 이해관계가 상충이 되기 시작했다. 그것은 자신의 삶의 터전과 관계되는 것으로, 상업과 농업 중 어느 것에 기반을 두고 있는가의 문제였다. 대체로 농민들에게 전쟁은 농토를 황폐화하고 추수도 하지 못하게 하여 성안에서 구차한 생활을 해야 하기에 전쟁을 반대하는 입장을 취했다.

하지만 상인들은 전쟁을 주장했다. 전쟁은 상업적 성공의 기회를 주었기 때문이다. 이들은 또한 극렬한 민주주의자였다. 그리고 가난한 상인과 빈민에게는 전쟁은 보수를 받는 직장이 생기는 것이었다. 이러한 다양한 이유로 아테네는 점점 폭력적이고 제국주의적 성격이 강화되었다. 당시 아테네의 지도자들의 대부분 상업적으로 성공한 계급에서 나왔다. 페리클레스 역시 성공한 상인이고, 그의 뒤를 이은 클레온도 성공한 가죽가공업자였다.

많은 시민들은 전쟁을 반대했지만, 페리클레스는 전쟁을 해야만 한다고 선동을 했다. 페리클레스는 한 번 양보하면 겁이 나서 양보한 것으로 알고 점점 더 큰 요구를 해오기 때문에 단호하게 대처를 해야 한다고 주장을 했다. 그리고 아테네는 방위비가 스파르타보다는 훨씬 많기에 전쟁에서 분명히 이길 수 있다고 설득하였다. 그리고 강자는 약자에게 지배권을 갖고 약자는 강자에게 종속되어야만 한다는 제국주의적 논리를 앞세워 전쟁을 일으켰다.

 육상 전투에 강한 스파르타는 전쟁의 시작과 함께 피우레스 항을 제외한 아테네의 대부분 지역을 점령한다. 그러나 아테네는 해전에 강했기에 바다를 장악하고 있었다. 페리클레스는 모든 사람들을 성벽 안에서 생활하라고 명했다. 성 밖으로 출입이 통제되어 성안에 많은 사람이 모여 있었는데, 오늘날 연구 결과로는 발진티푸스라고 추정되는 전염병이 돌았다. 아테네 시민의 3분의 1인 약 8만 명이 죽었다. 사망자 가운데는 아테네의 황금기를 이끈 페리클레스도 있었다. 전염병의 창궐하여 죽음의 공포가 퍼지고 약탈과 파괴가 일어났다. 질병의 고통으로 인해 인간의 도덕은 땅으로 떨어졌고, 아테네를 유지하던 명예, 정직, 예의, 절제 등의 미덕은 땅바닥으로 떨어졌다. 페리클레스를 이어 아테네의 지도자가 된 클레온은 강력한 민중지도자를 자처하며 전쟁을 이끌었다.

 펠로폰네소스 전쟁의 중반에 이르러 아테네는 시칠리아 원정을 결정한다. 이때 온건파인 니키아스는 시칠리아가 멀리 떨어져 있고 원정 중에 스파르타에게 아테네가 공격을 받을 수 있다고 반대했다. 하지만 급진파인 알키비아데스는 시칠리아 원정은 무조건 승리하며 막대한 부를 가져다준다고 시민들을 설득하였다. 투키디데스의 ≪펠로폰네소스 전쟁사≫에 따르면, 아테네 시민은 시칠리아 원정을 결정했지만 시칠리아가 어디에 있는지, 어느 정도 병력과 힘을 가진 나라인지 자세히 아는 사람이 드물었다. 기원전 415년 알키비아데스의 선동으로 2만 5,000명의 대규모 인원으로 시칠리아 원정을 하였지만, 전쟁도 하기 전에 알키비아데스는 탄핵을 당하여 적국인 스파르타로 망명하였다. 스파르타에 간 알키비아데스는 아테네의 원정목적과 군대 정보를 넘겼다. 이에 스파르타와 코린도스가 함선을 파병하였고, 아테네 전함은 시칠리아의 시라큐사와의 해전에서 대패를 당한다. 시칠리아 원정에 따른 막대한 전쟁비용과 병력의 손실은 아테네의 전력에 손상을 가져왔다. 마침내 기원전 405년 스파르타는 페르시아에게 함대를 지원받아 아이고스포타모이 해전에서 아테네의 함선을 모조리 격파하고 아테네의 피레우스 항을 봉쇄한다. 이 봉쇄로 성안으로의 식량보급이 끊기자 아테네인들은 굶주리다가 결국 스파르타에게 항복을 한다.

  펠로폰네소스 전쟁의 결과는 아테네와 스파르타의 몰락으로 이어진다. 펠로폰네소스 전쟁의 최고의 수혜자는 페르시아였다. 스파르타가 전함을 빌려준 대가로 이오니아섬을 페르시아에게 되돌려주었다. 기원전 387년에는 스파르타의 폭정에 대항한 폴리스 연합이 코린토스 전쟁을 일으켰다. 그 결과로 스파르타, 테베, 아테네의 3국 체제가 형성되었다. 그 후 몇 년 지나지 않은 기원전 371년에 스파르타는 테베에 점령당하고, 기원전 332년에 그리스 북쪽에 위치한 마케도니아의 알렉산드로스에 의해 그리스는 통일된다.

소크라테스도 펠로폰네소스 전쟁에 세 차례 참전했다. 소크라테스가 참여한 전투는 37세 때인 기원전 432년 중갑보병으로 참전한 포티다이아 전투, 45세 때에 참전한 델리온 전투 그리고 2년 후에 있은 암피폴리스 전투이다. 소크라테스는 전쟁터에서 늘 자신의 임무를 수행하고 자리를 지켰고, 패하여 후퇴할 때에는 침착하게 대처하면서 마지막에 빠져나왔다고 한다.

## 아테네의 패배와 스파르타의 승리

27년간 펠로폰네소스 전쟁에서 승리한 스파르타는 아테네에 자치권을 주는 대신 4가지 조건을 제시한다. 아테네 함대를 12척만 두고 축소할 것, 아테네에서 피레우스 항까지 연결된 성벽을 허물 것, 델로스 동맹을 해체할 것, 또 민주정을 폐지하고 스파르타에게 우호적인 정치인들이 지배하는 30인의 참주를 두는 것이었다.

플라톤의 친척이자 소크라테스의 제자인 크리티아스가 30인의 참주의 우두머리가 되었다. 이 시기에 약 1,500명의 아테네 시민들이 처형되었다. 그리고 재산을 몰수당하거나 추방당한 사람과 시민에서 노예로 전락한 사람도 많았다. 이러한 사회, 정치적인 분위기에서 아테네는 내부적, 외부적으로 점점 더 황폐해졌다.

그러나 이전에 융성했던 도시국가의 저력을 바탕으로, 참주정이 시작된 후 9개월 만에 아테네에서는 민주세력이 결집하여 다시 민주정을 회복한다. 동시에 스파르타와는 관용의 협약을 맺는다. 관용의 협약이라 함은 참주정에 참여했던 사람들을 처벌하지 않고 잡범을 제외하고 그 기간 동안 일어난 어떠한 정치적 범죄에 대해서도 죄를 묻지 않는다는 협약으로, 일종의 대사면에 해당한다. 스파르타는 자신들이 심어 놓은 정치 꼭두각시들을 나름대로 보호하고자 한 것이다. 이 협약으로 아테네의 민주정은 폭정을 했던 주역들을 처단할 수 없게 되었고, 오로지 법을 통한 정당한 보복만이 가능했다.

아테네는 참주정에서 벗어나 민주정이 되었지만, 과거의 민주정으로 돌아가지 못했다. 참주정에 의해 고통 받았던 사람들이 대사면에도 불구하고 마음속으로는 복수의 칼을 갈았다. 대표적인 보복이 소크라테스를 사형시키는 것이었다. 소크라테스는 참주에 의한 죽음이 아니라 민주정에 의해 사형을 당한다.

다시 민주정으로 복귀했을 때 아니토스 등의 정치가들은 오로지 페리클레스 시대의 아테네의 황금기로 돌아가고자 했다. 수공업자들이 활발하게 물건을 만들고 피레우스 항은 교역으로 번잡한 상황으로 돌아가는 것이었다. 그러기 위해서는 아테네 시민들은 민주정이라는 체제 아래에서 한 방향으로 노력을 해야만 했다. 경제 재건을 위해서는 포도와 올리브 나무를 심고, 수공업을 다시 일으키고, 함선을 만드는데 힘을 합쳐야만 했다. 그런데 소크라테스는 육체적이고 물질적인 풍요보다는 무지의 지와 영혼을 수련해야 한다고 주장한 것이다. 게다가 소크라테스의 주위에는 플라톤 등과 같은 젊은이들이 많았기에 더욱 눈에 가시 같은 존재였다.

또한 민주정 지도자는 패전의 이유를 신에 대한 불경으로 몰았다. 스파르타는 고유하게 경배해왔던 신을 숭배하여 신의 가호를 입었지만, 아테네는 소피스트들이 신에 대해 불경스러운 생각을 하고 엉뚱한 탐구를 하여 신이 벌을 내렸다는 것이다. 대표적으로 소크라테스의 제자인 알키비아데스가 시칠리아 원정 전에 헤르메스 신들의 조각을 훼손한 것이다.

소크라테스의 재판을 정치적 보복의 일환으로 보는 시각이 있다. 그 이유는 소크라테스의 친척과 그를 따르던 몇몇 젊은이들, 즉 크리티아스와 카르미데스, 아르키메데스 등이 참주정에 직접적으로 가남하였기 때문이다. 소크라테스는 이 사실을 변론에서 직접 언급한다. 하지만 자신은 참주정에 직접적으로 가담하지 않았고, 오히려 부당하다고 생각하는 일에는 정권의 눈치를 보지 않고 신념대로 행동했다고 말한다. 사실 소크라테스는 참주정 시기에 수많은 사람들이 피해를 입자 크리티아스를 발정난 돼지라고 비난하였고, 30인 참주가 살라미스 민주파 지도자를 살해하라고 명령했으나 거부했다.

# 11

## ≪변론≫을 중심으로 본 소크라테스의 생애

## 소크라테스의 어린 시절

소크라테스는 기원전 469년경에 아테네의 동남쪽으로 걸어서 30분 정도 걸리는 히메토스 산기슭 높은 곳에 위치한 알로페케에서 태어났다. 귀족 가문이 아니라 평범한 중산층 출신으로, 아버지인 소프로니스코스는 석공이었고 어머니인 파이나레테는 산파였다. 소크라테스는 전쟁에 참전하거나 신을 모시는 제전이 있을 때를 제외하고는 평생을 아테네에서만 살았다.

어린 시절 소크라테스에 대해서 알려진 것은 많지 않다. 소크라테스는 어린 시절부터 다이몬daimonion으로부터 신의 말을 들었다고 한다. 다이몬은 소크라테스에게만 호의적으로 조언을 해주었다고 말한다. 소크라테스가 다른 아이들과는 달리 성자와 같은 행동을 하자, 아버지가 델포이 신전에서 이상한 아들을 어떻게 키워야 하는지 물었다고 한다. 이에 따른 신탁은 소크라테스의 생각을 구속하지 말고 하고픈 대로 두라고 했다. 소크라테스는 다른 아테네의 아이들처럼 7세부터 읽기를 배우고, 12세부터 종교행사에 참석하는 등의 일반적인 과정은 거쳤을 것이다.

소크라테스는 성인이 되기 전에는 아테네의 북서쪽 성문에 위치한 케라메이코스 지역을 어슬렁거리며 다녔다. 케라메이코스는 도공을 뜻하는 것으로, 도공들과 창녀들, 천한 신분의 사람들이 모여 사는 빈민촌이었다. 또한 아테네 시민들이 묘지로 사용하는 매우 큰 공동묘지도 인근에 자리하고 있었다. 케라메이코스에는 성문으로 통하는 시끌벅적한 생생한 삶의 현장 분위기와 창녀촌과 공동묘지로 상징되는 죽음이 공존하는 지역이었다. 이러한 환경은 소크라테스가 철학적 사색을 하는 충분한 조건이 되었다.

소크라테스의 젊은 시절인 기원전 450년경의 아테네는 페리클레스라는 걸출한 지도자가 아테네의 성벽을 피레우스 항까지 연결하고, 아크로폴리스를 새롭게 건설하는 등의 융성기였다. 아크로폴리스 정상에 오르기 전에 지나가야 하는 프로필라이어와 헤파이스토스 신전과 콜로누스 언덕 위에 아테나 신전도 지었다. 융성한 아테네에 당시 지식인이었던 소피스트와 사상가들이 모여들었다.

젊은 소크라테스는 덕과 행복의 본질을 탐구하는 윤리보다는 자연

과학에 더 큰 관심을 보였다. 지구는 평평한가, 둥근가? 별은 왜 있는가? 등에 대해 토론을 했다. 이에 대해 플라톤은 ≪파이돈≫에서 소크라테스가 이렇게 말했다고 묘사한다.

> 실은 내가 젊었을 때, 나는 자연에 관한 탐구로 일컫는 바로 그 지혜를 놀라울 만큼이나 열망했네. 왜냐하면 모든 것의 원인들을 안다는 것, 즉 무엇으로 해서 각각의 것이 생기며 무엇으로 해서 소멸하고 무엇으로 해서 있는지를 안다는 것이 내게는 대단한 일로 여겨졌기 때문이지.
> ‒ ≪파이돈≫

또한 플라톤의 저서 ≪파르메니데스≫에 의하면 소크라테스가 거의 스물 살이 될 즈음에 이탈리아 남부에 살던 위대한 사상가인 파르메니데스와 제논이 여행 중에 아테네에 왔다. 그때 판아테나이아 축제기간이었는데 소크라테스와 친구들은 이들의 숙소로 찾아가 배움을 청했다고도 한다.

소크라테스는 자연철학적인 질문은 그 끝을 알 수 없고, 만물이 하나인지 혹은 여럿인지, 만물이 운동하는지 혹은 하지 않는지에 대해 자연철학자들이 합의하지 못한다고 보았다. 회의주의에 빠지는 것을 경계하였다. 그래서 자연철학적 탐구에서 벗어나 보다 절실한 '우리는 어떻게 살아야 하는가?'라는 물음에 집중했다. 우리 삶의 의미와 목적에 집중한 것이다.

## 성년기의 소크라테스

소크라테스는 항상 사람들 속에 있었다고 한다. 아침이면 스토아를 거닐고 김나시온을 들러 체력 운동을 한 후, 장이 서는 동안 아고라에 있었다. 사람이 많이 모이는 곳에서 늘 대화를 하고자 했고, 그의 이야기를 듣고자 하면 쉽게 들을 수 있었다. 소크라테스는 철학실천을 귀족들을 모아 놓고 가르치는 것이 아니라 길거리나 시장거리 심지어 창녀촌에서까지 지나가는 행인을 붙들고 대화를 나누는 방식으로 행했다.

소크라테스가 제자인 크세노폰을 처음 만났을 때의 상황도 비슷했다. 크세노폰은 ≪소크라테스의 회상≫에서 소크라테스와의 만남을 회상한다. 크세노폰이 무심히 길을 걸어가는데 소크라테스가 다가와 생활용품을 구입하려면 어디로 가야 하냐고 물었다. 크세노폰이 그에 대한 답을 하자, 그러면 용기 있고 덕이 있는 사람은 어디에서 구할 수 있는가를 물었단다. 크세노폰이 답을 못하고 어쩔 줄 몰라 하자 더 배우고 싶으면 자신을 따라오라고 했다고 한다. 이 당시 그리스의 전통적인 덕목인 정의, 용기, 절제 등도 물질적 풍요에 휩쓸려 그 의미를 잃었고, 아레테(덕)에 대해 시민들에게 이야기하면 조롱할 정도였다. 그럼에도 소크라테스는 아테네의 정신 회복을 위하여 자신의 영혼을 닦을 것을 주장했다.

**소크라테스** - 토머스 스탠리의 《철학의 역사》에서

    소크라테스는 신발을 신지 않은 맨발에 얇고 낡은 옷을 입고 다녔다. 소피스트들이 많은 돈을 벌었지만 소크라테스는 돈을 벌지 않았다. 오히려 돈을 버는 것을 거부했다. 물질적 풍요보다는 정신적인 성숙이 중요한 것이라고 믿었기 때문이다. 소크라테스는 자신의 철학 강의를 듣는 사람들에게 돈을 요구하지도 돈을 받지 않았다. 오히려 자신의 강의를 듣는 사람들에게 돈을 주어, 더 많은 사람이 강의

를 듣게 만들고 싶어 했다. 하지만 소크라테스는 글을 쓰는 것은 탐탁지 않게 여겼다. 소크라테스는 대화와는 달리 글은 설명이나 대답을 할 수 없는 것으로 여겼다. 소크라테스가 자기 스스로 쓴 책이 없는 까닭이기도 하다.

당시 아테네의 소피스트들은 목적과 과정보다는 상대주의적이고 결과만을 중시하는 풍토로 이끌었다. 동시대의 대표적인 소피스트인 프로타고라스는 '인간이 만물의 척도다'라고 말했지만, 소크라테스는 인간간의 관계, 인간을 둘러싼 세상과의 관계가 모든 것의 척도라고 이야기했다. 인간은 각자가 온 힘을 다해 올바른 개인이 되지 않는 한 이런 관계가 이루어질 수 없다고 믿었다.

≪향연≫에 따르면, 소크라테스는 자신의 건강을 관리하지 않는 사람을 칭찬하지 않았다. 인간은 영혼뿐만 아니라 육체를 가진 존재이기에 체력을 관리해야 한다고 믿었다. 소크라테스는 몇 끼를 굶는 것이 다반사였지만 늘 당당했고, 술을 마시더라도 마지막까지 취하지 않는 정신력과 체력을 지녔다.

## 펠로폰네소스 전쟁 참전과 장년기

　아테네 시민이라면 18세에서 부터 30세까지 무조건 병역의 의무에 참여해야만 했고, 전쟁이 나면 60세 이하의 시민은 누구나 군대에 소집이 될 수 있었다. 소크라테스도 많은 전투에 참여했을 것으로 예상되지만, 현재 명확하게 알려진 것은 펠로폰네소스 전쟁에 세 차례 참전했다는 것이다. 소크라테스가 참전한 첫 번째 전투는 기원전 432년 포티다이아 전투이다.
　포티다이아는 그리스의 북부로 마케도니아 접경에 위치한 곳이다. 아테네가 사사건건 간섭을 하고 의심의 찬 눈으로 포티다이아를 감시해 평소 불만이 많았는데, 갑자기 3배 가까이 인상된 조세가 부당하다고 저항했다. 아테네의 급진파들은 포티다이아를 그냥 두면 다른 폴리스에서도 조세 저항이 생긴다고 판단하고 전쟁을 선포했다. 포티다이아는 코린도스와 스파르타에 도움을 요청하면서 전쟁이 발발했다. 소크라테스가 37세 때로, 중류층 시민들이 주로 배치되는 중갑 보병으로 참전했다. 전쟁 초반 몇 달간은 외부에 전투가 있었으나, 포티다이아 군은 연전연패하여 2년간 성문을 걸어 잠그고 항전했다. 이 전투에서 소크라테스와 관련된 몇 가지 인상적인 이야기가 있다.
　소크라테스는 얼어붙은 땅을 맨발로 걸어 다녔다고 한다. 종종 혼자 내면의 신인 다이몬과의 대화를 나누고 명상에 빠져 제자리에 몇 시간씩 서 있는 경우가 있었는데, 한번은 선 채로 24시간을 보냈다고 한다. 참혹한 전쟁의 재난 속에서 삶의 본질에 명상에 빠진 것이다. 또한 군인들 사이에는 소크라테스가 사람들은 원래 물고기였다느니, 태양은 불타는 바위덩어리라는 등의 말을 하는 이상한 철학자로 소문이 났다. 그리고 알키비아데스가 위험에 빠졌을 때 소크라테스의 도움으로 죽음을 면하고 상을 받게 되었는데, 소크라테스는 그 상을 알키비아데스가 받도록 양보했다는 것이다.

기원전 429년까지 3년간 지속된 전투에서 1,000명 이상의 아테네 병사들은 전투와 전염병으로 죽고, 포티디아아 군은 성벽에 갇히고 식량보급이 끊겨 인육을 먹는 최악의 상황으로 치달았다. 명분도 실리도 없는 지루한 싸움은 결국 포티디아아가 성문을 열고 항복하여 아테네의 승리로 끝났다. 소크라테스는 이 전쟁을 통해 전쟁의 의미와 아테네의 탐욕의 결과에 대해 많은 의문을 가졌다.

소크라테스기 원징을 가 있넌 기원전 430년 아테네에는 큰 재앙이 있었다. 전염병이 아테네를 휩쓸어 페리클레스를 비롯한 시민의 1/3이 죽은 것이다. 이때 소크라테스는 비록 전쟁터에 있었지만, 소크라테스의 제자이자 친구인 카이레폰이 델피 신전에서 '소크라테스보다 뛰어난 사람이 있는가?'라는 물음에 '그런 사람은 없다'라는 신탁을 받는다. 그 이후 소크라테스는 탁월한 정신의 소유자라고 칭송을 받는 사람들을 찾아가 캐묻는 삶을 살게 된다.

두 번째 참전은 기원전 424년, 소크라테스가 45세에 델리온 전투에 참전한다. 아테네 군은 델리온 기습공격을 계획하였으나, 계획이 탄로가 나 보이오티아 군에게 충격적인 패배를 당하게 된다. 게다가 아테네 군대가 함부로 사용하지 못하는 아폴로 신전의 신성한 물을 식수로 사용했다는 이유로, 강력한 공격을 받아 수천 명의 사상자를 내고 시신마저도 수습하지 못했다. 당시 시신을 수습하지 못하는 것은 신성 모독에 해당하는 것으로, ≪소크라테스의 변론≫에도 전투에는 이겼지만 시신을 수습하지 못했다는 이유로 장군 8명을 참형에 처했다는 이야기가 나온다. 장군으로 소크라테스와 함께 참전한 알키비아데스의 말에 따르면, 소크라테스는 퇴각하는 혼란 속에서도 허둥대지 않고 침착하게 적군의 동태를 살피며 행동했다. 소크라테스는 전쟁터에서 늘 자신의 임무를 수행하고 자리를 지켰고, 패하여 후퇴할 때에는 침착하게 대처하면서 마지막에 빠져나왔다고 한다.

기원전 423년, 소크라테스를 풍자한 아리스토파네스 〈구름〉이 초연이 된다. 당시 46세인 소크라테스도 공연장에 참석하였다고 한다. 다른 사람들이 소크라테스에게 왜 왔느냐고 물었을 때, 소크라테스는 자기 자신이 혹시 고칠 것이 있는가를 알기 위해 왔다고 한다. 그리고 자신을 풍자한 우스꽝스러운 장면이 나오면 관객들과 같이 웃는 여유가 있었다. 하지만 24년 후 소크라테스가 법정에 섰을 때, 이 연극의 내용으로 인해 소크라테스 자신에 대한 왜곡된 인식이 형성되었다고 주장한다.

기원전 425년 암피폴리스 전투에 세 번째로 참전한다. 암피폴리스는 투키디데스가 해군 장군이었을 때 스파르타에게 빼앗긴 곳이었다. 투키디데스는 이 사건으로 인해 유죄판결을 받고 망명의 길을 떠나 〈펠로폰네소스 전쟁사〉를 쓰게 된다. 아테네 군은 암피폴리스를 공격하지도 못하고 퇴각하는 과정에 엄청난 피해를 당하게 된다.

기원전 404년 4월 스파르타에게 아테네가 항복을 하여 펠로폰네소스 전쟁이 끝났을 때, 소크라테스는 65세였다. 참주정에서 회복한 민주정은 소크라테스를 처형한다. 소크라테스의 친구이자 플라톤의 당숙인 크리티아스가 참주로서 포악한 짓을 저질렀고, 소크라테스의 제자인 알키비아데스 또한 스파르타에 투항하여 아테네가 패배하는 데 일조를 했다. 또한 소크라테스는 충성스러운 시민이기는 했지만, 아테네의 민주주의를 노골적으로 경멸하고 반대했다.

소크라테스는 사형선고를 받고 한 달 만에 독약을 마시고 죽는다. 소크라테스가 판결 받는 전날이 아폴론 신을 찬양하는 행사가 있는 델로스로 기념사절단 배가 출발하는 날이었다. 이 배가 아테네로 돌아 올 때까지 사형이 금지되어 있었다. 그런데 돌아오는 배가 역풍이 불어 늦어져 한 달이 걸렸다. 죽기 전 마지막 유언으로 친구인 크리톤에게, 아스클레피로스(의술의 신)에게 닭 한 마리 빚을 졌으니 대신 재물로 받쳐 달라고 부탁하였다.

## 소크라테스와 플라톤

　이미 알고 있다시피 ≪소크라테스의 변론≫은 소크라테스가 쓴 책이 아니다. 사실 소크라테스가 쓴 책은 없고, 그의 제자 혹은 동시대의 사람이 그의 행적에 대해 서술한 것만이 전해진다. 소크라테스는 자신은 심오한 철학이 글자로 표현되는 것에 의문을 가졌는지도 모른다. ≪소크라테스의 변론≫도 그의 제자인 플라톤이 쓴 것이다. 이 때문에 이 책의 내용에 대한 진위 논란이 없었던 것은 아니다. 하지만 이 책의 저작 시기가 소크라테스 사후 몇 년이 되지 않았기에 대체로 공정한 기록으로 평가한다. 책이 출간된 시기와 ≪소크라테스의 변론≫에 등장하는 배심원들을 포함한 여러 인물들이 생존한 시기가 겹치고, 생존하는 사람들의 이야기를 허위로 적을 수는 없기 때문이다. 하지만 제자로서 스승 소크라테스에 대해 대체적으로 우호적으로 기술했을 것이라는 짐작은 할 수 있다. 이것은 읽는 사람이 판단할 일이다.

　스승인 소크라테스는 아테네의 황금기인 페리클레스 시대와 펠로폰네소스 전쟁의 패전으로 아테네의 쇠퇴기를 동시에 살았다. 하지만 플라톤은 펠로폰네소스 전쟁 중인 기원전 427년에 태어난다. 그리고 소크라테스가 독당근을 마시고 죽은 해가 기원전 399년으로 소크라테스가 70세이고, 플라톤은 한참 혈기왕성할 20대 후반이었다.

**플라톤** – 토머스 스탠리의 ≪철학의 역사≫에서

　플라톤은 소크라테스와 사제지간이었지만 출신은 완전히 달랐다. 소크라테스가 지극히 평범한 서민계급이었지만, 플라톤은 아테네에서 매우 유력한 귀족가문 출신이었다. 계급으로 본다면 플라톤이 소크라테스와 친분이 있다는 것은 의외였다고 할 수 있다. 플라톤의 어머니 페릭티오네는 아테네의 위대한 현자인 솔론의 후손이었으

11. ≪변론≫을 중심으로 본 소크라테스의 생애　229

며, 아버지 아리스톤은 왕이었던 코드로스의 후손이었다. 플라톤은 소크라테스와는 비교할 수 없는 아테네의 귀족 집안에서 태어났다. 플라톤이 소크라테스의 제자가 된 것은 플라톤이 20세 정도로 추정된다.

소크라테스는 당시 아테네 사회에서 철학적인 활동을 하는 것으로 유명했다. 비록 소크라테스가 경제적인 활동을 하지 않았기 때문에 가난하고 행색이 남루했지만, 많은 젊은이들은 소크라테스의 철학에 매료되었다. 플라톤도 예외가 아니었다. 소크라테스는 언제 어디서나 또 남녀노소를 불문하고 모든 사람들과 대화를 나누었는데, 당시 출신과 상관없이 시민으로서 인정을 받지 못한 여자들, 심지어 창녀들도 소크라테스의 대화 상대였다.

플라톤이 처음부터 철학에 관심이 있었던 것은 아니었다. 당시 아테네 사회는 연극을 보고 토론하는 것이 필수적인 교양으로 인식되었다. 아테네 시민들은 현실을 소재로 한 연극을 향유하고 그것을 바탕으로 토론했다. 심지어 시민들은 그러한 활동에 참여하는 것이 아테네 시민으로서의 권리이자 의무라고 생각했다. 이러한 사회 분위기에 따라 플라톤은 연극을 매우 좋아했으며, 젊은 시절 한때 극작가가 되기로 결심하기도 했다. 그러나 문학에 대한 열정은 소크라테스를 만나면서 철학에 대한 열정으로 바뀐다. 소크라테스는 다른 소피스트들과는 다른 가르침을 주었으며, 이 점이 플라톤을 매료시켰다.

그 당시 아테네 시민들은 대외적으로 잦은 전쟁에 대항할 수 있는 전쟁술이나, 대내적으로 자신의 정치적인 입장을 설득력 있게 말할 수 있는 수사학rhetoric을 필요로 했다. 소피스트들은 말을 잘하는 기술에 대한 학문, 즉 수사학을 가르쳐주는 집단이었다. 소피스트들의 가르침은 아고라 광장에서 정치적인 사안에 대해 자신의 입장을 설득력 있게 관철시키는 데 유용했다. 유력한 정치가문의 자녀들은 필수적으로 배워야 할 학문으로 수사학을 배웠으며, 이를 가르치는 소피스트들은 아테네 사회에서 환영받는 존재였다. 하지만 플라톤은 소피스트들의 가르침보다는 소크라테스의 가르침에 매력을 느끼고, 소크라테스를 따르게 된다.

플라톤이 인생의 목적을 연극에서 철학으로 전환한 또 다른 결정적인 계기는 소크라테스의 재판이었다. 소크라테스가 재판을 받을 당시 플라톤은 28세였는데, 소크라테스가 스스로 제안한 30무나 벌금형의 보증인 가운데 한 사람으로 이 책에도 등장한다. 소크라테스가 독배를 마신 자리에는 아파서 참여하지 못했지만, 아마도 소크라테스의 재판과 죽음, 그리고 그 과정에서 소크라테스가 한 말들은 플라톤이 인생의 행보를 바꾸는 데 큰 계기가 되었던 것으로 보인다.

플라톤은 스승인 소크라테스의 죽음을 경험하고 공적인 활동을 거의 하지 않았다. 어린 시절에는 민주정의 정치가들의 잘못된 판단으로 펠로폰네소스 전쟁에서 스파르타에게 패하는 것을 보았고, 참주정에서는 삼촌인 크리티아스와 외삼촌인 키르미데스가 정치를 하는 것을 가까이서 보았으며, 그들이 죽임을 당하는 것도 보았다. 그리고 참주정에서 민주정으로 바뀐 뒤 민주정이 소크라테스를 죽음으로 몰고 가는 것을 보았다. 이에 플라톤은 정치에 대한 환멸을 느꼈다. 그래서 정치로 나갈 수 있는 훌륭한 귀족 가문이었음에도 불구하고 공적인 활동을 하지 않고, 지중해 연안으로 긴 여행을 떠난다. 주로 이집트와 남부 이탈리아, 시칠리아 등의 지역에서 12년 동안 보냈다. 그리고 40세에 아테네로 돌아와서는 '아카데미아'를 열어 철학 강의를 하였다. 아카데미아는 동로마제국의 황제 유스티아누스 1세가 기독교와 관련 없는 모든 학교를 폐쇄시키는 정책을 시행한 529년에 문을 닫기까지 거의 1,000년 동안 철학교육을 하였다.

플라톤은 망해가는 아테네를 어떻게 하면 다시 부흥시키고, 피폐해진 아테네인들의 삶을 다시 회복시킬 수 있을까에 관심을 집중했다. 아테네의 전통적인 가치인 아레테arete를 고양시키고 페리클레스 시대의 부강한 국가로 회복하는 것이었다. 특히 아테네 법정에서 사형 판결을 받았지만 소크라테스의 죽음을 부당하게 여긴 플라톤은 정의로운 국가를 꿈꾸고, 이에 대한 책 ≪국가≫를 집필하게 된다. 그리고 정의로운 국가에 대한 열의는 미완성작으로 남은 ≪법률≫에 이어진다.

플라톤은 자신의 국가의 정체에 대한 생각을 구체화하고자 노력했다. 플라톤은 평생 친구인 디온을 시칠리아에서 만나는데, 친구 디온의 권유로 시칠리아로 건너가 평생의 꿈이던 철인 정치를 구현하고자 노력하였다. 참주 밑에서 고생하는 사람들을 구하기 위해 시칠리아를 3번이나 방문하여 새로운 국가 건설을 위해 노력하였으나 실패하였다. 그 과정에서 플라톤은 노예로 팔릴 뻔한 위기를 맞기도 한다. 플라톤은 아카데미아를 이끌면서 많은 철학자를 배출하는 동시에 25편의 대화편과 13편의 서한집을 남겼다.

 연표

| 그리스 주변 역사 | 소크라테스와 그 이전의 철학사 |
|---|---|
| BC 10세기경<br>그리스 폴리스 형성<br><br>BC 776<br>그리스 올림피아드에서 최초 올림픽 개최<br><br>BC 660경<br>솔론 출생<br><br>BC 600경<br>페이시스트라토스 출생 | <br><br><br><br><br><br><br><br>BC 624경<br>탈레스 출생<br><br>BC 610경<br>아낙시만드로스 출생, 밀레토스<br><br>BC 585<br>아낙시메네스 출생<br><br>BC 585(5월 28일)<br>탈레스, 개기 일식 예언 |

| | |
|---|---|
| BC 570경<br>클레이스테네스 출생 | BC 580경<br>피타고라스 출생(이오니아 사모스섬) |
| | BC 560경<br>히피아스 출생 |
| | BC 540경<br>헤라클레이토스 출생 |
| | BC 515경<br>파르메니데스 출생(이탈리아 엘레아) |
| | BC 507<br>피타고라스, 수학적 원리를 우주에 적용 |
| | BC 500경<br>아낙사고라스 출생 |
| | BC 495경<br>제논 출생 |
| | BC 492<br>엠페도클레스 출생(이탈리아 시칠리아) |
| BC 490<br>1차 페르시아 전쟁 : 마라톤 전투 | BC 485경<br>프로타고라스 출생 |
| | BC 483<br>고르기아스 출생 |
| BC 480<br>2차 페르시아 전쟁 : 살라미스 해전 | |

BC 478
델로스 동맹 결성

BC 460
1차 펠로폰네소스 전쟁

BC 454
델로스 동맹금고 아테네로 이전

BC 450
알키비아데스 출생
아리스토파네스 출생
배심원에게 임금 지급

BC 445
1차 펠로폰네소스 전쟁 종결
: 아테네와 스파르타, 35년 평화조약 체결

BC 447
파르테논 신전 건축 시작

BC 442
소포클레스 〈안티고네〉 상연

BC 432
파르테논 신전 완성

BC 470/469
소크라테스 출생(아테네 인근 알로페케)

BC 460경
데모크리토스, 투키디데스 출생

BC 448
마하비라(자이나교 창시자) 출생

BC 440경
레우키포스 출생, 밀레토스

BC 434
크세노폰 출생

BC 432
소크라테스, 포티다이아 원정에 참가

BC 431
2차 펠로폰네소스 전쟁 발발
: 스파르타, 아티케 참략
: 페리클레스, 전사자 추모 연설

BC 430
아테네에 역병이 창궐

BC 429
페리클레스 사망
소포클레스 〈오이디푸스 왕〉 완성

BC 425
헤로도투스 《역사》 완성

BC 423
아테네와 스파르타 1년간 휴전협정
아리스토파네스, 〈구름〉 초연

BC 415
아테네 시칠리아 원정
: 알키비아데스 스파르타로 도주
아테네인의 멜로스 섬 학살

BC 411
민주정이 무너지고
아테네 400인 체제

BC 410
아테네 민주정 회복

BC 430
카이레폰, 소크라테스에 대한 신탁을 받음

BC 427
플라톤 출생

BC 424
소크라테스, 델리온 전투에 참가

BC 422
소크라테스, 암피폴리스 전투 참가

BC 415
프로타고라스 아테네에서 추방

BC 410경
프로타고라스 사망

BC 404
아테네가 스파르타에 항복 선언
: 30인 참주정

BC 403
30인 참주정 붕괴, 민주주의 회복
아테네 의회 사면칙령 통과

BC 400
투키디데스 사망, ≪펠로폰네소스 전쟁사≫ 미완성

BC 4세기초
플라톤, ≪변론≫, ≪파이돈≫, ≪향연≫ 등을 저술

BC 337
마케도니아의 알렉산더 대왕, 그리스 정복

BC 323
알렉산드로 대왕 죽음

BC 406
소크라테스, 아르기누사이 전투의 장군 처형 반대

BC 404
소크라테스, 레온의 체포를 거절

BC 399
소크라테스 재판과 사형

BC 387
플라톤 아카데미아 개원

 참고문헌

Anders Wedberg, 《A History of Philosophy》, Oxford, 1982.
요한네스 힐쉬베르거 지음, 강성위 옮김, 《서양철학사(상)》, 이문출판사, 1985.
쿠르트 프리틀라인 지음, 강영계 옮김, 《서양철학사》, 서광사, 1985.
W. K. C. 거드리 지음, 박종현 옮김, 《희랍철학 입문》, 종로서적, 1986.
사무엘 E. 스텀프 지음, 이광래 옮김, 《서양철학사》, 종로서적, 1991.
B. 러셀 지음, 이명숙, 곽강제 옮김, 《서양의 지혜》, 서광사, 1991.
E. 젤러 지음, 이창대 옮김, 《희랍철학사》, 이론과실천, 1991.
코린 쿨레 지음, 이선화 옮김, 《고대 그리스의 의사소통》, 영림카디널, 1999.
C. 레비스트로스, 박옥술 옮김, 《슬픈열대》, 한길사, 2001.
박종현 지음, 《헬라스 사상의 심층》, 서광사, 2001.
키디데스 지음, 박광순 옮김, 《펠로폰네소스 전쟁사》, 범우사, 2001.
플라톤 지음, 박종현 역주, 《플라톤의 네 대화편 에우티프론, 소크라테스의 변론, 크리톤, 파이돈》, 서광사, 2003.

앤서니 케니언 편, 김영건 외 옮김, 《서양철학사,》 이제이북스, 2004.
필립 마티작 지음, 박기영 옮김, 《로마공화정》, 갑인공방, 2004.
조대호 역해, 《아리스토텔레스의 형이상학》, 문예출판사, 2005.
제임스 A. 콜라이아코 지음, 김승옥 옮김, 《소크라테스의 재판》, 작가정신, 2005.
김재홍, 김인곤 옮김, 《소크라테스 이전 철학자들의 단편 선집》, 아카넷, 2005.
박홍규, 《박홍규 전집1 희랍철학 논고》, 민음사, 2007.
버트런드 러셀 지음, 이상복 옮김, 《서양철학사》, 을유문화사, 2009.
김경희 지음, 《공화주의》, 책세상, 2009.
헤로도토스 지음, 천병희 옮김, 《역사》, 숲, 2009.
베터니 휴즈 지음, 강경이 옮김, 《아테네의 변명》, 옥당, 2012.
투크세노폰 지음, 최자영 편역, 《그리스 역사》, 안티쿠스, 2012.
윤구병 글, 《철학을 다시 쓴다》, 보리, 2013.
이정우 엮음, 《문명이 낳은 철학, 철학이 바꾼 역사1》, 도서출판 길, 2014.
나카자와 신이지 지음, 김옥희 옮김, 《신화, 인류 최고의 철학》, 동아시아, 2015.
크세노폰 지음, 최혁순 옮김, 《소크라테스의 회상》, 범우출판사, 2015.
페리클레스, 뤼시아스, 이소크라테스, 데모스테네스, 김헌 외 옮김, 《그리스의 위대한 연설》, 민음사, 2015.
플라톤 지음, 박종현 역주, 《향연, 파이드로스, 리시스》, 서광사, 2016.
래리 고닉 글·그림, 이희재 옮김, 《세상에서 가장 재미있는 세계사1》, 궁리, 2017.
플라톤 지음, 박종현 역주, 《고르기아스, 메넥세노스, 이온》, 서광사, 2018.
이현복 지음, 《확신과 불신》, 파라북스, 2018.